RAMTHA
DAS MANIFESTIEREN

Ein Handbuch für Meister

von
Khit Harding

DAS MANIFESTIEREN

DAS MANIFESTIEREN
Ein Handbuch für Meister

Titel der amerikanischen Originalausgabe:
MANIFESTING, A MASTER'S MANUAL
Copyright © 1988 by Khit Harding
Aus dem Amerikanischen übersetzt von Valerie Plaschka.

Kein Teil dieses Buches darf ohne schriftliche Genehmigung des Herausgebers in irgendeiner Form oder mit irgendwelchen Mitteln vervielfältigt oder übertragen werden, mit Ausnahme von kurzen Zitaten, die bei Rezensuren in Zeitungen oder Zeitschriften verwendet werden. Dieses Werk basiert zum Teil auf *Ramtha Dialogues®*, einer Serie von Tonbandaufzeichnungen, die mit Bevollmächtigung und Genehmigung von JZ Knight erstellt wurde. *Ramtha Dialogues®* und *Ramtha®* sind ein beim U.S. Patent Trademark Office eingetragenes Handelszeichen.

Alle Rechte vorbehalten unter International and Pan American Copyright Conventions. Herausgegeben von
Adams Publishing Company.

Titelbild Brigitte An Dor Alan Silberhorn
Umschlaggestaltung Agentur Ayla

Für Informationen in Bezug auf Veranstaltungen mit Ramtha wenden Sie sich bitte an: Ramtha Dialogues, P.O. Box 1210, Yelm, WA 98597, USA.

1. Auflage 1994
ISBN: 3-89539-059-3
© der deutschen Ausgabe 1994 beim IN DER TAT VERLAG,
86971 Peiting

Ich danke Dir Vater in mir.

Ich danke Dir J.Z. Knight. Ich liebe Dich dafür, daß Du die Tür zum Licht geöffnet hast.

Ich danke Euch Bruce und Sasha. Ich liebe Euch um Eurer Selbst willen.

Ich danke meinen lieben Freunden für ihre bedingungslose Liebe und Unterstützung.

Besonders danke ich Leslie Tomlin, Marcia Keizer Batey, Claude Golden und Ernest Kanzler.

Ich danke Euch Mama und Papa für Eure ständige Ermutigung, und danke Dir Deborah für Deine Liebe zu dem, was ich gemacht habe.

Danke an alle, die "Ja" zum Leben gesagt haben.

Danke an alle, die "Das Eigene Werden, Ein Handbuch für Meister" gekauft haben. Durch Euch wurde "Das Manifestieren, Ein Handbuch für Meister" ermöglicht.

Der Text dieses Buches basiert auf den Lehren von Ramtha dem Erleuchteten, gechannelt von J.Z. Knight während des Intensivseminars "Die Macht des Manifestierens" im November 1986. Dieses Buch soll Freude und Information zum Thema 'Manifestieren' vermitteln. Der Autor, Herausgeber und J.Z. Knight werden weder Haftung noch Verantwortung gegenüber Personen übernehmen, was Verlust oder Schaden betreffen, die direkt oder indirekt durch die Information in diesem Buch verursacht oder angeblich verursacht werden.

Dies ist der zweite Band der Serie "Das Eigene Werden". Der erste Band trägt den Titel "Das Eigene Werden, Ein Handbuch für Meister".

Wozu dient dieses Buch? Es soll nicht nur das Verständnis über das Manifestieren hervorbringen, sondern es soll auch das hervorbringen, was sich das DU nennt, damit du weißt, wer du bist, damit du dir einen Begriff dessen machen kannst, was du in deinem Inneren bist und ganz klar verstehst, wo du in deinem Prozeß des Erwachens stehst und wo du in deinem Traum stehst.

Hinweis: Anmerkungen der Übersetzerin sind mit eckigen Klammern <...> gekennzeichnet.

Dieses Buch ist dir gewidmet.

"Nimm Gott in dir wahr"

Vorwort der deutschen Ausgabe

Als Verleger der deutschen Ausgabe freue ich mich, die kleine Reihe "Ein Handbuch für Meister" verlegen zu können, welche deutlich macht: "Du bist einzigartig, Du bist nicht nur klein und häßlich". Der Mensch ist ursprünglich göttlicher Natur, er ist Spiegelbild und Gleichnis, von dem, den wir Gott nennen. Wir sind aufgerufen, uns unseres Ursprungs bewußt zu werden und den göttlichen Funken in uns zum Leuchten zu bringen. Geboren, um frei zu sein, ist der Mensch in die Verantwortung gestellt, dieser Freiheit gerecht zu werden. Nicht nur frei von etwas, sondern auch frei für etwas. Diese Freiheit zur Entfaltung zu bringen, ist unsere Aufgabe - in diesem Sinne gilt es zu wachsen und zu werden.

Die Christen in der ganzen Welt glauben, daß in Christus dieser Gott Mensch geworden ist. Im Sinne seiner einzigartigen Offenbarung, verlegen wir diese Reihe; in diesem Sinne möchten diese Bücher verstanden sein. Mögen die Zeilen dieses Buches bei den geneigten LeserInnen ein offenes Herz und einen wachen Verstand vorfinden.

*** *** ***

Wir können uns die Situation zwar kaum vorstellen, trotzdem sehen wir uns veranlaßt, als Verleger der deutschen Ausgabe der Ramtha Werke, gleich den amerikanischen Verlagen, folgenden Zusatz zu erklären:

Der deutsche Verlag "IN DER TAT" wird weder Haftung noch Verantwortung gegenüber Personen oder Wesen übernehmen, hinsichtlich Verlust oder Schaden, der direkt oder indirekt durch die Informationen in diesem Buch verursacht oder angeblich verursacht werden und wurden.

*** *** ***

Sie möchten in einen Erfahrungsaustausch mit anderen Menschen treten, die auch die Bücher Ramthas gelesen haben? Sie haben Interesse nach den Lehren Ramthas zu leben? Sie haben/wollen weitere Informationen zu Themen wie z.B. "Freie Energien", "Weltregierung" etc. in diesem Fall schreiben Sie uns:

**In der Tat Verlag
86971 Peiting**

Vom Herrn-und-Gott meines Seins aus

Auf den Vater in mir,

Auf das, was ICH BIN,

Erlange zu dieser Stunde

Wissen,

In der Tat, Weisheit.

So sei es.

Auf das Leben

Für immer und immer und immer.

MANIFESTIEREN ZU LERNEN IST
DEIN GÖTTLICHES ERBE.

Es ist das Juwel, welches das Leben
zur Wirklichkeit macht.

Es ist wichtig für dich zu wissen, daß du den Prozeß des Manifestierens schon begonnen hast, allein dadurch, daß du stehst, wo du jetzt stehst. Das ist die Basis, von der aus du mehr lernst.

Du bist es wert.

Was dich einzigartig und grandios und schön macht, ist die Tatsache, daß du göttlich bist, im größten Sinne des Wortes. Göttlich.

Du bist wertvoll.

Du siehst die Welt als begrenzt, weil du dich selbst als begrenzt siehst.

Was spiegelt dir zurück, daß du Gott bist? Sehr wenig. Du bist hypnotisiert, du bist in einer Trance, du bist von deinem "Ohnesein" überzeugt, denn alle anderen sind "ohne". Wenn der Spiegel nicht die Kraft reflektiert, die von lebendigen, tanzenden Augen ausgeht, wenn er dir nicht dein Licht zeigt, wenn dein Gehirnvorderlappen dir nicht deutlich genug zeigt, wie mächtig deine Gedankenführung ist, dann kannst du nichts anderes, als von der Annahme ausgehen, daß deine Identität das ist, was du im Spiegel siehst, daß sie das ist, was du in jedem anderen um dich herum siehst. Und nach einer Weile wird das Abbild, das du bist, zum Image der Begrenzung: du weißt, daß du nicht göttlich bist, du bist nicht großartig, denn das ist das, was du von dir selbst beim Anblick anderer wahrnimmst.

Deine Identität wird <von dir> lediglich durch Interaktionen mit anderen Menschen erfaßt, deren Identität durch dich wahrgenommen wird.

Du neigst dazu, dich zu beklagen, denn in dem Moment, in dem du etwas in deinem Leben erreicht hast, gehst du zurück und zählst all das Elend auf, das erforderlich war, um dahinzugelangen, statt darüber zu lachen! Das kommt daher, daß du das ICH BIN nicht kennst. Es kommt daher, daß du nicht erkennst, wie mächtig du bist. Du gehst einen Schritt vorwärts und tanzt zwei Schritte zurück! Du hast nicht gelernt, dich an deinen Vorwärtsschritt zu halten und in dem unvergleichlich wertvollen Augenblick, den du kreiert hast, zu schwelgen.

Was du hörst oder liest oder siehst oder erlebst, wird seine Wirkung zeigen, wenn du den Vorwärtsschritt machst und in dem, was du erreicht hast, schwelgst, ohne zurückzublicken.

Lerne, diese Macht innerlich zu umarmen. <engl. "embrace", bedeutet, "etwas gefühlsmäßig annehmen und für sich akzeptieren".>

Sieh DICH. Du bist SCHÖN. Sieh dein Licht um dich tanzen.

Wegen dir gibt es große Hoffnung für alle Spiegel. Es braucht nur einen einzigen, der in den Zauberspiegel schaut und eine große und tiefe und einzigartige Wahrheit sieht, damit die restlichen Spiegel beginnen aufzuwachen.

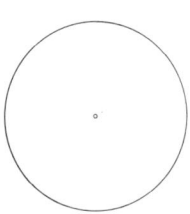

Ein Teil des hypnotischen Einflusses, dem ihr seit Äonen, Leben für Leben für Leben begegnet, liegt in der Beeinflussung durch politische Redekunst und religiöses Dogma. Sie haben euch von Gott dem Vater, der Grandiosen INTELLIGENZ, dem Großen URGRUND, dem PRINZIP DES LEBENS getrennt.

Auf Grund der Getrenntheit habt ihr Kriege geführt, Krankheiten geschaffen, unsichtbare Mauern und Grenzen aufgebaut, und es herrscht ein wildwucherndes Ausmaß an Mißtrauen in eurer Welt, weil ihr nicht im harmonischen Fließen der Höchsten Intelligenz seid. Wenn ihr euch weigert, ins innere Wissen hineinzugehen, dann macht ihr damit den Schritt hinaus aus jenem Fließen und kreiert Reibung.

Ein Teil des Spiegelbildes widersetzt sich deiner Göttlichkeit. Du kannst es dir nicht <als Weisheit> zu eigen machen, daß du Gott bist, weil es gegen das geht, was passend, korrekt und gesellschaftlich ist. Nach so vielen Lebzeiten der Entfernung benötigt es eine enorme Anstrengung, um zu ihr zurückzugelangen.

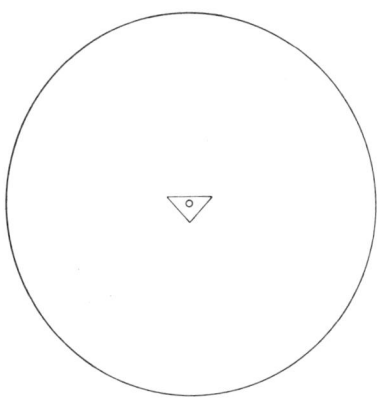

NIMM GOTT IN DIR WAHR

Eine der größten Lehren von allen, von allen Worten, die je in das hervorgebracht worden sind, was man als höchst alltägliche Sprache bezeichnet, ist

NIMM GOTT IN DIR WAHR.

Wenn du das weißt und innerlich umarmst, dann ist das alles, was du je brauchen wirst. Dieses Wissen ist die Hauptsache.

Wie viele Körper hast du getragen? Viele. Ähnlich deinem Kleiderschrank mit all deinen Kleidern und deinem Zierat. Das kommt jeweils einem anderen Körper gleich.

Was konstant geblieben ist, ist die innere Einstellung, das Persönlichkeitsselbst. Und nur wenn du auf dieser Ebene gelebt hast, als Sohn Gottes in Fleisch und Blut manifestiert - als Gottmensch in dieser größten Dimension Gottes - nur wenn du das durchlebt hast, kannst du ein Christus werden. Gottmensch. Der Mensch, der die Ganzheit seiner Göttlichkeit verwirklicht, der erkennt, daß er ein Spiegel Gottes ist. Nur so.

Ein Spiegel sagt dir, anhand eines Sortiments von Boten <im Sinne von: Lernerfahrungen durch Menschen, Visionen, Träume, etc.>, daß sich Prophezeiung entgegen vielerlei Opposition manifestiert. Der Spiegel sagt dir, daß du Gott bist, daß das gesamte Leben der Kosmos des Atoms ist, daß das gewaltige Aufleuchten der Sonne Wissen ins Leben ruft und daß es ein und dasselbe mit allem ist, was das ALLES ist.

Du bist das größte Mysterium. Die Entdeckung von dem, was du hinter diesen Augen bist, was du bist und was deine Bedeutung und dein Sinn ist - das ist das Mysterium.

Zu dieser Stunde lebst du in einem anderen Körper, in einer anderen Zeit, ...spekulativ, das ist es durchaus, und ein Abenteuer ist es, ein Geschenk ist es, nur daß du in diesem Abenteuer und bei diesem Geschenk eben nicht weißt, daß du Gott bist.

DIE ZAUBEREI VON MANIFESTATION IST EINFACHHEIT.

Sie ist tiefgreifend einfach. Das nämlich, was du zu sein denkst, vollbringt die Manifestation.

Gott ist kein verbitterter Gott, der seiner Schöpfung die Beurteilung von gut und schlecht auferlegt. Seine Schöpfung heißt LEBEN, NATUR; und sie fließt in die Ewigkeit hinein und vervollkommnet fortwährend mit jedem Abenteuer ihre Schönheit.

Seine Schöpfung ist noch nie beurteilt worden. Sie ist zugelassen worden. DU BIST GOTT. Wie lange du auch brauchst, bis du es hörst, wenn es auch zehntausender Wiederholungen bedarf, höre zu, denn es gibt nichts größeres, als den hervorgekommenen Christus. Es gibt nichts wundervolleres, als eine Welt, die in Harmonie statt in Streit wahrgenommen wird. DU BIST GOTT.

Gott, das Höchste Leben, ist ohne Urteil und ohne positiv-negativ. Gott ist tiefstes Wissen. Gott wird Ewigkeit genannt und regiert alle Königreiche mittels der Manifestation von Gedanke zu Materie.

Die Macht zur Manifestation. Sie ist unvergleichlich einfach, doch ohne sie existiert Leben nicht, denn das Wunder des Lebens liegt in dem Entschluß zur Manifestation. Kontrolle über sein Schicksal zu haben ist ungeheuerlich, und doch ist dies die Macht, die die Manifestation lenkt.

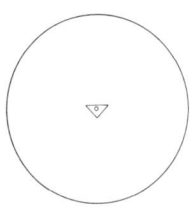

Man erkennt dich an deinem Licht, und an deiner Energie, die jene Schwingung ist, die von deiner Masse ausgeht. Und die Schwingung, die die Masse zusammenhält, ist der große Geist deines Seins, der große Gott deines Seins, der Herr deines Seins. Der Herr deines Seins ist die Vielfältigkeit von Göttlichkeit.

Der Gott deines Seins ist dein Aurafeld oder dein Geist. Diese Wesenheit ist sehr sichtbar.

Dies ist der Schlüssel, der die Türe öffnet: EINZIG DURCH WISSEN WIRST DU FREI GENUG SEIN, UM DIE WAHRHEIT ZU UMARMEN. Und in dieser Freiheit wirst du fähig sein, dieses höchst göttliche Erbe zu umarmen, das in dir verborgen geblieben ist. Doch wissen wirst du erst dann, wenn du über das Hindernis des Nichtwissens hinwegkommst.

Erst wenn du das Wissen besitzt, erst in dem Moment, da du dir erlaubst, alle Möglichkeiten zu umarmen, wirst du die Macht zu direkter Manifestation besitzen. Du wirst sie auf keine andere Art und Weise erlangen. Wenn du das tust, wirst du den inneren Gott berühren, und das, was du zu wissen zu erlangen wünschst, wird in einer vereinigten Essenz hervorkommen, die elektrisch und machtvoll ist, und - so sei es - du wirst gelernt haben, deinen ersten Wunsch zu manifestieren, und zwar fokussiert <bewußt gerichtete Konzentration>.

Dies ist die Strategie: lasse die Göttlichkeit dessen, was du bist, in all die verschiedensten Möglichkeiten erblühen.

Als die gesamte Schöpfung dieses geliebten Planeten, der Smaragd des Universums, in Gang gesetzt wurde, als Gott in die Schöpfungen der Pflanzen, Fische und Tiere hauchte, war es nicht so, daß sie einzeln und Blatt für Blatt erschaffen wurden.

Der Atem des Lebens war eine in die Zellmasse manifestierte Idealform, die in wässrige Substanz wie in einen Schoß hineingeboren wurde.

Wenn es heißt, daß die Götter Leben in den lebenden Planeten hauchten, manifestierte dieser Gott, der Gedanke war, in die Schöpferkraft des Lichts hinein, ohne ihn als gut oder schlecht zu beurteilen, und umarmte ihn durch die Seele. Dann formte dieser Gott die Vision <Erscheinungsbild> des Gedankens, und indem die Seele die Schwingungsfrequenz des Gedankens, die zu jener Form gehörte, umarmte, speicherte sie das Gefühl, und die Vision nahm im Sitz des Geistes, der Phantasie, Form an. Mittels des inneren UMARMENS geschieht es, daß der Gedanke durch Emotion <in seiner Frequenz> zu Materie herabgesetzt werden kann. Der Atem des Lebens, der in die Zelle gehaucht wurde, war das Ideal des Ganzen. Die Zelle trägt das Muster des Ganzen. Das war der Atem des Lebens.

Jede Zelle trägt in sich die Macht von Manifestation infolge des umarmten Gedankens jenes Gottes, der ihn aufnahm. Lerne, einen Gedanken zu umarmen.

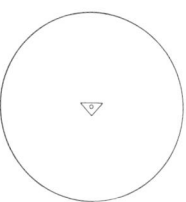

Alles auf Erden kommt vom Gedanken, der jeweils von einer Intelligenz umarmt wurde und aus der Masse jener Intelligenz heraus in eine Frequenz, genannt dreidimensional, hineingeboren wurde. Dies ist die langsame Evolution verwirklichten Gedankens.

Als all die Gedanken, die von den Göttern erschaffen wurden, in die einzelne Zelle gesetzt wurden, die den erstarrten <frozen> Gedanken des "Umarmens" als ein Wachstumsmuster in sich trug - als dies ganz und gar getan war, hatten die Götter das Verlangen, selbst zur Materie zu gehören.

Wie konnte letztendlich ein Licht den tiefen Duft einer Rose umarmen und riechen? Wie konnte ein Licht die Samtheit in seinen Händen halten? Es konnte es nicht. Es war auf einer anderen Frequenz: die Götter waren Götter aus Licht.

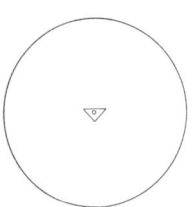

Der Mensch wurde als ein Experiment durch die gleiche "Atem des Lebens"-Erfahrung geschaffen wie auch die Rose, nur daß er das Instrument, das Transportmittel für eine große Intelligenz sein würde, die nun ihre Schöpfung, die Rose, in der Hand würde halten können und deren wundersamen Duft würde riechen können.

Die Rose hat sich fortentwickelt, um die Vervollständigung des Traumes der Götter zu werden. Am Anfang gab es nicht "die Rose", sondern die umarmte Manifestation der Rose. Der Atem des Lebens der Götter hat sich durch das Leben weiterentwickelt, um die Kristallisierung der ersten Zelle zu werden.

Der Mensch wurde auf die gleiche Weise empfangen. Er ist SEINE Zelle. Der Atem des Lebens, der in ihn gehaucht wurde, entwickelte sich über Äonen hinweg, um das zu werden, was er heute ist. Und nur durch Leben konnte sich Mensch der Gott entwickeln, gleich seiner Rose. Ihr habt euch zu einem Königreich entwickelt, das ihr geschaffen habt. Ihr habt das Abenteuer gelebt, um die Rose zu sehen.

Was geschah mit den ursprünglichen Manifestierern von Schicksal, den Lichtgöttern, die die Rose und die Fische des Meeres erschufen, die das Ökosystem ins Gleichgewicht setzten? Was geschah mit euch?

Ihr seid in einem Traum gefangen, den ihr für Wirklichkeit haltet. Ihr seid in Schlaf gesunken und aufzuwachen ist ein Kampf bergauf.

Ruft euch den Rang eurer ursprünglichen Schöpferkraft zurück: IHR, die vergessenen Götter. IHR seid dieser Geist.

Du warst einst ein großer Gott. Das Licht um dich herum ist das verbliebene Partikel deines Ursprungs. Die Masse, in der du bist, ist das Transportmittel, durch das dir das Abenteuer des Lebens gestattet ist, welches du vor Äonen in Gang gesetzt hast.

DU BIST DIE URSPRÜNGLICHE MANIFESTATION DEINER EIGENEN MACHT.

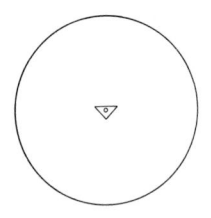

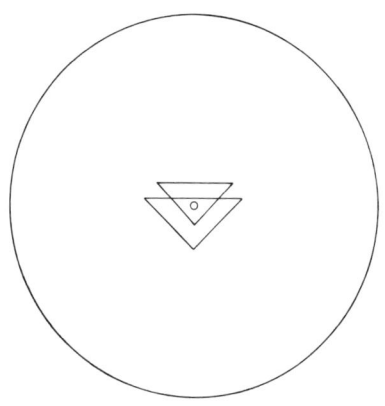

DU BIST HIERHER GEKOMMEN,

UM ZU LERNEN,

WIE MAN MANIFESTIERT.

Du wirst diese Macht niemals kennen und besitzen, bis du weißt, WER du bist, bis du WEIßT, daß du es WERT BIST.

Du hast deine Göttlichkeit in den Hintergrund gedrängt.

Du hast deine Macht abgegeben. Du hast Götter, Gurus, Könige, Regierungen, Krieger, Eroberer und deinen Nachbarn von nebenan angebetet. Du hast es für dich selbst zugelassen dahingehend eingeschüchtert zu werden, daß du glaubst, ein Nichts zu sein.

Du bist in Schlaf gesunken, als du deine Göttlichkeit stillgelegt und jedes göttliche Wissen ausgeschaltet hast. Du hast dich in eine Ein-Drittel-Gehirnkapazität hineingeträumt. Das einzige Bewußtsein, das dein Gehirn bereit ist zu empfangen, ist die niedrigere Frequenz, genannt "gesellschaftliches Bewußtsein" und das heißt "Überleben".

Dein Gehirn schläft. Du lebst einen Traum. Du bist so mächtig, daß du dein ursprüngliches Licht vergessen hast. Du hast vergessen, warum du hier bist. Du bist zivilisiert geworden in der Art und Weise begrenzten Denkens. Innerhalb deines schlafenden Gehirns sind der verborgene Christus, das verborgene Bewußtsein und bedingungslose Liebe eingesperrt. Du hast dein brillantes inneres Wissen stillgelegt. DU BIST GOTT.

Nun, was hat das mit dem Manifestieren zu tun? Alles. Wenn du mächtig genug warst, um abzuschalten, dann bist du auch mächtig genug, um aufzuwachen!

Eine Sache solltest du im Gedächtnis behalten, wenn du wissen willst, wer du bist:

   ERKENNE ALLES AN, WAS DU GETAN HAST.

Wenn du ungeheuerlich wirst, dann wirst du ein Genie.

Wenn du aus dem Kreis des Weltlichen heraustrittst, dann wirst du das Original.

Wenn du wüßtest, wie großartig du bist und wie mächtig deine Worte und Handlungen sind, dann wärest du in diesem Moment ein lebendiger Christus für die ganze Welt.

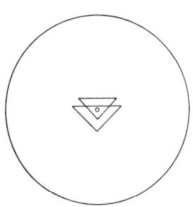

Du denkst, daß dein Körper alles ist, was du bist. Du hälst nach dem Falschen Ausschau bei deiner Identität. Es ist das, was in dir und um dich herum ist, was gänzlich das ist, was du bist.

Lebe nicht für deinen Körper, sondern lebe für deinen Geist, der den Körper regiert, dann wird der Körper transformiert <umgewandelt> und erleuchtet werden.

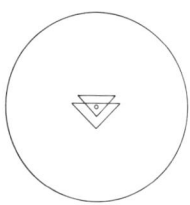

Du trittst in die Manifestation und beginnst alle Spiegel um dich herum anzuschauen, deren einzige Identität der Körper ist. Du beginnst, klares Wissen auszuschalten, sobald du zu diesem Leben zurückkommst. Du wußtest, um was es bei diesem Spiel geht, bevor du dich entschlossen hast, wieder zurückzukehren.

Dein Körper hat eine Bestimmung - er ist bestimmt, gewisse Dinge zu tun. Du verbringst dein ganzes Leben mit dem Herausputzen und Verschönern und mit dem sich Abmühen, - worin auch immer dein Spiel besteht - , etwas mit deinem Körper zu TUN.

Wenn es zur Manifestation kommt, kommt dir dein Körper - höchster und wundervoller Gott - oft in die Quere, da er in einem anderen Zeitfluß lebt als du selbst. Emotion belädt ihn mit mächtigen Veränderungen und das, was erwachte, als es <hierher> zurückkehrte, fiel wieder in Schlaf, weil seine gesamte Identität im Körperlichen bestand.

Du bist schön. Es gibt nichts anderes als Schönheit im Leben.

Allein, daß du BIST, ist ein Wunder.

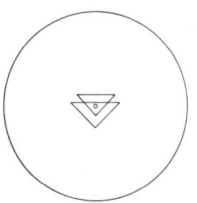

Diese Ebene ist der Höhepunkt von Dimension, denn bei ihr handelt es sich eindeutig um den Gedanken, der in die Leidenschaftlichkeit dreidimensionaler Tatsache manifestiert wird. Das ist der Höhepunkt des Königreich Gottes. Manifestation muß von dem Gedanken zum Licht bis hin zum niedrigeren Elektrum hindurchgehen; vom niedrigeren Elektrum hinein in negative und positive Elektrizität, die zu einer Grundfrequenz herabgesetzt wird, um grobe Materie zu werden, wo sie die Zellmasse des Ideals formt. Durch die Zelle wird das Ideal das Muster des Schicksals.

Jede Zelle hat ihre eigene Seele, die das Gedächtnis der Zelle zusammenhält. Die Seele hält die Chromosomenstrukturen ihrer Eltern intakt. Die Eltern erschaffen durch verdichtete Emotion die genetische Chromosomenstruktur - die Einstellungen der Eltern und ihre Lebensweise kreierten ihre Gene.

Du hast deine Eltern auf Grund ihrer Zellmasse und ihrer Genstrukturen ausgewählt. Wenn der Körper entsteht, wird er nicht nur mit dem genetischen Körper ausgestattet, sondern auch mit der Möglichkeit für Krankheit, denn die jeweilige Einstellung ist es, wodurch die Erbanlage für Krankheit erzeugt wird. Wenn die Einstellung im Körper eine Krankheit schafft, kristallisiert sich diese auch in den Chromosomen.

Alles, was du in diesem Leben mit einer intensiven emotionalen Haltung denkst, manifestiert sich. Wenn du dich mit anderen im Streit befindest, weil sie einen Spiegel darstellen und dir nicht gefällt, was du über dich selber siehst, dann bahnt sich diese Haltung ihren Weg durch Gedanke, Gefühl, Elektrizität und das niedrigere Elektrum, und endet im Körper.

Du manifestierst auf emotionale Weise das, was du von dir selber denkst.

Was gab dir das Recht mit deinem Leben das zu machen, was du gemacht hast? Freier Wille. Er ist ein unveränderliches Gesetz.

In dem Moment, in dem du aus dem Gedanken ins Licht geboren wurdest, wurdest du zu jenem Gesetz. Es ist unwiderruflich, da es die Voraussetzung des Lebens ist. Du hast immer schon volle Herrschaft über dein Abenteuer gehabt.

Es gibt nichts in deinem Leben, das nicht du manifestiert hast. Irgendwann hattest du einen Traum. Irgendwann umarmtest du innerlich die Eskapaden eines anderen Spiegels. Irgendwann hast du die Skala der Phantasien - von den gewalttätigsten bis hin zu den erhabensten - durchlaufen.

DU SETZT DEIN MORGEN FEST MIT JEDER IMAGINATION, JEDER PHANTASIE, JEDEM TAGTRAUM, MIT ALLEM, WAS IN DEINER SEELE EMOTION ERZEUGT.

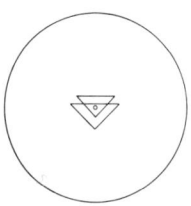

Nun, der Körper lebt in einem anderen Zeitfluß. Der Körper lebt in der Vergangenheit. Er bewegt sich nicht so rasch wie sich dein Geist bewegt. Was du in diesem Moment erlebst, bezieht den Körper noch nicht mit ein. Dein Körper kann dem, was du heute lernst, Jahre hinterher sein.

Warum bist du verwirrt in deinem Leben? Warum passieren dir jetzt gewisse Dinge? Weil sie, wenn sie im physischen Jetzt geschehen, Manifestationen von dem sind, was du vielleicht fünf Jahre vorher gefühlt hast. Warum verfolgt dich noch immer das, was vor fünf Jahren geschehen ist? Warum ist es nicht aufgelöst? Weil der Körper jetzt das Gefühl der Vergangenheit manifestiert. Die Seele in der Zelle aktiviert jenes Verhaltensmuster, und jene innere Haltung wiederum beginnt, zu der blauen Korona um deinen Körper zu werden. Die blaue Korona nährt ständig dein Bewußtsein.

Wenn du weißt, daß dein Körper in der Vergangenheit lebt und daß er den dreidimensionalen Beleg für das aufzeigt, was du in deiner inneren Haltung warst, dann MACHE SIE DIR <ALS WEISHEIT> ZU EIGEN. Dann kannst du in einem Moment den Körper mit dem Jetzt in Gleichzeitigkeit bringen. In einem Moment.

Wenn du weißt, daß du das, was du bist, erschaffen hast, und daß dein Körper auf das von dir selbst ausgewählte genetische Erbe antwortet, und daß du durch deine eigene Haltung über die Jahre hinweg dazu beigetragen hast, dann wirst du deinen Körper heilen und wirst, schlichtweg durch Wahrheit, jenes Gefühl manifestieren, das deinen Körper ins Jetzt bringt.

Der Meister meistert dem Christus entgegen. Er meistert Unwissenheit, um jenes Wissen zu werden, so daß langsam aber sicher alles zusammenpaßt. Wenn alles zusammenpaßt, steht alles in voller Blüte und der Körper ist angehoben, da er nun mit dem Bewußtsein auf gleicher Stufe schwingt.

Der Grund für das Auffahren Christi liegt darin, daß er seinen Körper seinen Geist einholen ließ. Er stellte seinen Körper darauf ein, in demselben Moment mitzuschwingen, in dem sich sein außergewöhnliches Begehren, das als Emotion vorlag, manifestierte.

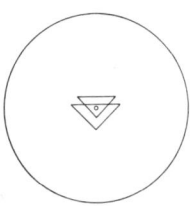

Wenn du das Manifestieren lernst, dann lerne die Wissenschaft, daß du diesen Moment in drei verschiedenen Zeitströmungen lebst: der Körper ist in der Vergangenheit, das gesellschaftliche Bewußtsein ist im Jetzt und das unbegrenzte Bewußtsein ist im Begriff, im nächsten Moment stattzufinden.

Wie bringst du Vergangenheit, Gegenwart und Zukunft zusammen? Durch Wissen. Wissen, das dir gestattet aufzuwachen. Das ist der einzige Weg.

Bis du geeint sein kannst und Vergangenheit, Gegenwart und Zukunft ins Jetzt bringen kannst, wirst du mit dem leben müssen, was dich versklavt, was du haßt, was dich verbittert, was du nicht magst und was dich davon abhält, EINS zu werden.

In jedem Moment, in dem du etwas nicht magst, verlierst du deine Grandiosität. In jedem Moment, in dem du irgendetwas gegenüber unterwürfig bist, verlierst du deine Macht.

WISSE, wo deine Anhänglichkeit und deine Begrenzungen liegen. Es bedeutet nicht, sie zu ändern, sondern sie zu erkennen.

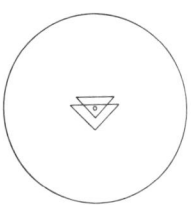

"Die Macht zum Manifestieren" bedeutet Verantwortung zu übernehmen und sich selbst zu einen. Sobald du das tust, wirst du LIEBEN, was du bist.

Betrachte dein Leben als ein Abenteuer... daß du nämlich, würdest du auch nur ein Ding diesbezüglich ändern, nicht einmal hier wärst... daß alles davon das herbeigeführt hat, was du in diesem Moment bist, und dann liebst du es.

Es wird die Stunde kommen, daß du all deine Macht zurückerlangt haben wirst, daß du in Kontrolle über dein Schicksal bist, und daß du in jedem beliebigen Moment alles ändern kannst.

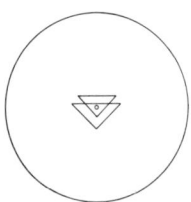

Wenn die Stunde kommt, das Manifestieren und innere Umarmen zu lernen, kann nirgends mehr ein Schatten in dem, was sich ICH BIN nennt, zurückbleiben.

Du mußt alles über dich in einem Strom von Wissen verstanden haben.

Vielleicht kannst du es nicht niederschreiben oder es äußern, aber es ist ein Wissen.

Ein Wissen.

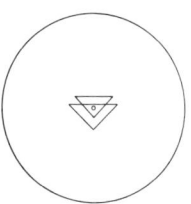

Was ist "ICH BIN"?

Was bedeutet das?

Was ist es, das alles IST, was du bist?

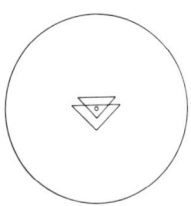

Es ist nicht der dir innewohnende Gott, den du meisterst.

DER MENSCH IST SCHON GOTT.

Es ist nicht die Großartigkeit deiner Selbst und auch nicht die Schrecklichkeit deiner Selbst, die du meisterst.

Du meisterst deine Unfähigkeit, Wert zu erlangen. Du meisterst deinen Un-Wert, bis du würdig wirst.

Du änderst die Geisteshaltung des Schlafs, der Begrenzung, die dich davon abhält, dies für dich selbst zu sehen: die "Ich-kann-nichts" und die "Ich-weiß-nichts".

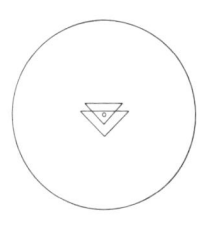

Alles, was ein Meister spricht, wird sein nächster Schicksalsmoment.

Du wirst niemals Genialität erlangen, wenn du "nicht kannst", wenn du "eh nicht wirst" und wenn du "nicht weißt".

Jede Handlung, jedes Wort färbt den Spiegel, der du bist.

Ein Teil des Lernens wie du manifestiert, besteht dadrin, alles über dich selbst herauszufinden. Wisse, wie mächtig du bist. Höre dich selbst sprechen. Stell dir all die Dinge bildhaft vor, die du sagst. Du kannst nicht unbegrenzte Macht haben, die nur auf einem Gebiet funktioniert und auf einem anderen nicht.

Es ist nicht das Tragen einer langen Robe, das Tragen von Asche auf der Stirn oder das Baumelnlassen von Kristallen. ES IST DAS, WAS DU BIST - was hinter deinen Augen ist - das ist die Macht. Und SIE manifestiert dein Schicksal zehnfach, je mehr du sie wahrnimmst; tausendfach, je mehr du sie anerkennst; millionenfach, je mehr du sie KENNST.

Du kannst sie nicht erzwingen. Sie kommt natürlich, wenn du in dir geeeint wirst, indem du innerlich annimmst und liebst, was du bist. Dann ist es einfach.

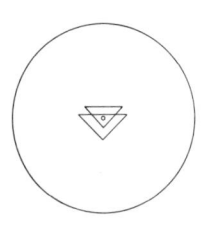

Wenn du in dir geeint wirst, beginnt sich deine gesamte Energie zu verlagern, um die großen Siegel zu öffnen und zu reaktivieren. Und das Gehirn wird aus seinem Traum ins Leben erweckt. Grandioseres Bewußtsein wird aufgenommen, Genius wird geboren und der Körper hört auf zu altern, weil du aufhörst, eine Dalität zu sein ("Ich kann nicht", "Ich weiß nicht", "es ist zu schwer"), und du wirst lebendig.

Sammle deine Kraft in der Vereinigung von Seele, Geist, Körper und Persönlichkeit (begrenztes Ego) und du wirst zu einem wirkenden Meister. Je mehr du die Klarheit visualisierst und siehst, umso fokussierter wirst du; und die natürlichen Eigenschaften, die sich daraus ergeben sind das Ausgestattetsein mit Macht, das In-Sich-Wahrnehmen von Gott, das sich Erschließen des Königreiches des Himmels und jenes Lebens, das für immer und immer und immer währt.

Denke tief über ein kleines Kind nach, das in der Freude und dem Eifer des Lebens aufgeht und das durch seine absolute Unschuld die Welt in Harmonie erfaßt!

Manifestieren bedeutet, wie ein Kind zu sein. Du bringst all deine Teile zusammen und dann verändert sich alles vom begrenzten Selbst hin zum unbegrenzten Selbst, zum kleinen Kind.

Du gelangst dahin zurück, indem du dir alle deine Erfahrungen, angefangen von der Pubertät bis hin zu dieser Stunde <als Weisheit> zu eigen machst. Wenn du das als Weisheit besitzt, hast du Leben, dann wirst du aufhören zu altern. Dein Körper wird dich einholen, denn du bist nicht mehr das "Ich weiß nicht, Ich kann nicht", sondern du bist "ICH BIN, ICH WERDE DURCHAUS, ICH WEIß, ICH WEIß", und so dringst du in die Zukunft dieser Manifestation des Wissens vor.

Du fängst wieder zu wachsen an, all deine Hormone werden ins Gleichgewicht gebracht, deine Drüsen werden geklärt und vereint, das Todeshormon verschwindet und du wirst erneuert. Deine Haut ändert sich, dein Körper ändert sich, und du gehst ganz in der inneren Haltung des kleinen Kindes auf.

Das Geheimnis von Verjüngung liegt in dem Genius des Willens von dem Gott, der dies bewirkt hat.
WENN DU EINS MIT DIR SELBST BIST, WIRST DU UNSTERBLICH SEIN.

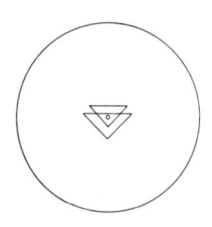

Wenn du beginnst, manifestierst du im Rahmen dessen, was du wahrnehmen kannst.

Wie wundervoll, die Macht zum Manifestieren deinem Wissen ensprechend zu erweitern, denn wenn du das tust und die Manifestation eintritt, dann bist du voller Freude und Begeisterung, und diese Freude hat gerade deinen Geist erweitert. Die Manifestation ist ein Zeugnis dafür, daß du selbst es zustande gebracht hast.

Was bewirkt das? Es schafft Platz für größere Gedanken. Der Geist erwacht. Du gelangst in Fokus. Die nächste Manifestation wird größer sein, und das wächst und wächst und wächst.

Ein Christus zu werden bedeutet, wild und frei von allen Dingen zu werden, weil du alle Dinge BIST. Dahin gelangst du nicht, indem du einen anderen versklavst, sondern indem du dich selbst polierst. Du bist es, der dich glücklich machen muß. Wenn du verstehst, was du bist, und anfängst, von diesem Zentrum aus zu manifestieren, dann bist du verherrlicht. Das ist Freiheit.

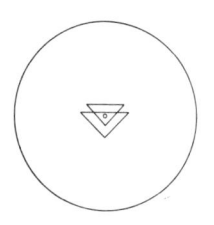

ICH WEIß

ICH KANN

Ändere dein Schicksal in einem Augenblick.

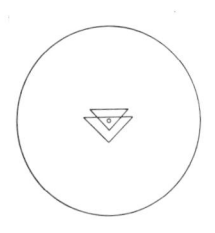

Wenn du die Schritte machst und die Kontrolle übernimmst, gibt es viele wundervolle Wesen, die in dein Leben kommen. Sie sind da, weil sie da sein wollen, und deine Manifestation war der Lehm, aus dem das Schloß gebaut wurde, zu dem sie kommen.

Hier bist du, wünschst dir deine große Manifestation und lernst, wie man es macht und weit, weit entfernt von hier hat eine andere Wesenheit gerade eine Phantasie gehabt, und in dieser Phantasie liegt das, was du zu manifestieren bemüht bist. Da der Geist Gottes der Strom der Ewigkeit ist und alles in dem Strom ist, wird sich der Weg jener Phantasie mit dem Weg deiner Manifestation kreuzen..

Du manifestierst es für dich, doch es stellt für jemand anderen, der eine Phantasie diesbezüglich hat, eine Türe zur Verfügung. Dies ist die Weise, wie es funktioniert, da alles in dem Strom und in dem Geist Gottes ist. Alles bewegt sich vorwärts. Es nennt sich Ewigkeit.

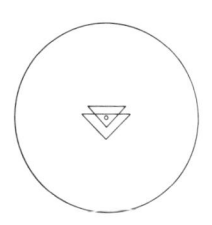

Perfektion zu manifestieren ist eine Begrenzung.

Alles in der Natur entwickelt sich weiter. Sie ist niemals vollkommen und ist niemals unvollkommen gewesen. Sie ist in einem Zustand von Evolution, den man Ewigkeit nennt, Gottintelligenz.

Perfektion ist eine Begrenzung, denn sie bedeutet das Ende von Evolution. Die Natur entwickelt sich, indem sie sich immerzu umstellt.

Wenn du manifestieren lernst, weil es gut für dich sein wird oder dich schimmern und scheinen läßt, dann ist das eine Begrenzung.

"ICH WÜNSCHE ZU WISSEN", bewegt sich vorwärts.

Was auch immer du tust, was auch immer du möchtest, bilde dir, dadurch daß du es dann <erlangt> hast, deinen Selbstwert bis hin zu der Majestät eines Christus, denn es wird eine Stunde kommen, daß du so lebendig werden wirst, so konzentriert, so erwacht im Licht wandeln wirst, so daß du auf deinen Wunsch hin in nur einem Augenblick die Schwingungsfrequenz deiner gesamten Zellmasse verändern kannst und diese dritte Dimension verlassen und in die nächste gehen kannst.

Das einzige, was du tun mußt, wenn du erwachst, ist, dich selbst größer zu sehen, in nur einem Moment, und dein Körper wird beginnen zurückzugehen, nämlich umgekehrt von Masse zurück zum niedrigeren Elektrum des Lichts, und das Ideal von dem, was du bist, manifestiert sich - in nur einem Augenblick - bist du weg. Himmelfahrt <Auffahren>.

Wenn du mit "Ich will, Ich wünsche, Ich bin" beginnst und es ist innerlich umarmt und somit manifestiert, dann machst du den ersten Schritt zum Christussein, zur Himmelfahrt. Alles wirkt in Harmonie. Und wenn du grandioser wirst, wenn du von oben all das siehst, was du bist, dann wirst du wundervolle Dinge vollbringen. Besitze das Gefühl, daß du würdig bist, Gott zu sein. Fühle es, und sei nicht bange, etwas Falsches gesagt zu haben.

Übernimm die Kontrolle über dein Leben - habe den Wunsch danach, dies zu tun.

GOTT bist DU.

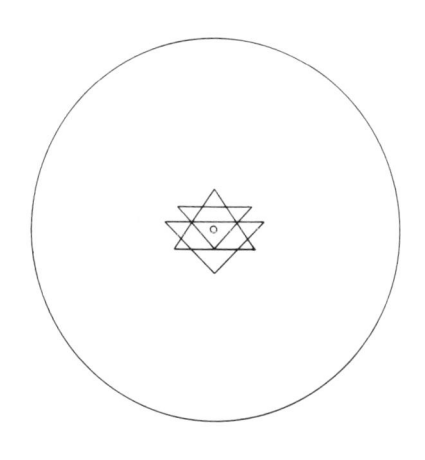

WAS AUCH IMMER DU MANIFESTIERST,

WIRST DU.

Übungen zum Manifestieren

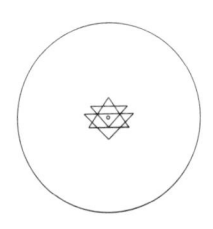

Mach es dir bequem. Leg dich hin, wenn du willst, oder setze dich hin.

Werfe einen Blick auf deinen Schmuck: Wenn er aus Metall oder Stein ist, trägt er die elektrische Schwingung von Gefühlen. Mit anderen Worten, er trägt die Vergangenheit in sich. Er nährt fortlaufend dein Aurafeld und damit dein Bewußtsein.
Wann auch immer du manifestierst, tu es, ohne Metalle oder Steine zu tragen. Nimm sie ab und lege sie vor dich hin.

Zieh deine Schuhe aus, denn die Energie fließt durch die Füße aus dem Körper. Schmerz fließt durch die Füße aus dem Körper hinaus, nicht zurück durch das Aurafeld. Zieh deine Schuhe aus.

Wenn dein Gürtel zu eng ist, nimm ihn ab. Wenn deine Hose zu eng ist, lockere sie. Wenn du irgendetwas trägst, das zu eng ist, wird es den Energiefluß in deinem Körper unterbrechen.

Wenn du dich zu deinem Platz der Abgeschiedenheit begibst und damit beginnst diese Manifestationsenergie in deinem Leben wirksam werden zu lassen, trage lose Kleidung, weil sie den Körper nicht einengt und auch nicht die Durchblutung abschnürt.

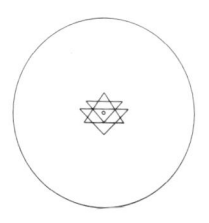

Nun wirst du also die Wissenschaft des Manifestierens durchdenken. Du wirst lernen, wie man die Schritte durchläuft, die dich in die Manifestation führen.

Deine größten Manifestationen werden kommen, wenn du alleine bist, wenn du an einem friedlichen und stillen Ort bist. Dann wird diese Übung als Wirklichkeit in den Fokus kommen.

Wenn du in einem Raum bist, ist es heiß, ist es abgeschlossen, ist es eine Begrenzung. In die Natur zu gehen ist die wildeste Grenze, um das Manifestieren zu lernen.

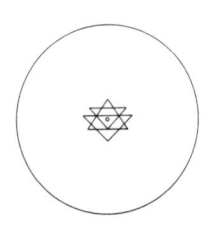

Was du liest, ist eine Übung. Wenn du sie durchführst, schließe deine Augen, werde ruhig und mach es dir bequem und beginne, das zu fühlen, was du hier gelesen hast. Erlaube deiner Seele, die Worte hervorzurufen, und beginne, sie zu visualisieren.

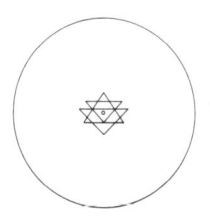

Diese Wahrheit und diese Macht sind sehr einfach. Seit Äonen wurde es für eine geheime Doktrin gehalten.

UM ZU MANIFESTIEREN, MUßT DU DAS IDEAL DER MANIFESTATION INNERLICH UMARMEN. UMARME ES GEFÜHLSMÄßIG, BIS DAS GEFÜHL ZUM PHYSISCHEN KÖRPER WIRD.

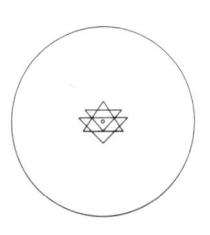

Fast jeder Erwachsene hat schon einmal eine sexuelle Phantasie gehabt. Mittels der Phantasie warst du fähig, eine Szene so gut zu rekonstruieren, daß der Körper lebendig wurde und eine Erektion das Ergebnis war. So mächtig kann eine Phantasie sein.

Jeder der eine sexuelle Phantasie kreiert hat - und in seinem Geist den Partner gewechselt hat, den Samen hervorgebracht hat und ihn vergoß und sich bis zu diesem Punkt allein mittels der Phantasie Genugtuung verschaffte - jeder der das gemacht hat, kennt das Geheimnis der Macht des Manifestierens.

So, nun kontempliere eine deiner letzten Phantasien. Denke darüber nach, worüber du phantasiert hast. Es ist nichts Unrechtes dabei. Verstehe es einfach. Geh zurück und erkenne, was das Ergebnis der Phantasie war. Kontempliere es.

Der Körper ist schön. Du hattest viele Gründe, eine Phantasie kreieren zu müssen, um den Körper zu erfüllen. Was war der Grundstein der Manifestation? Es war deine Fähigkeit, dich durch einen beabsichtigten Geistesakt in Leidenschaftlichkeit zu befriedigen.

So mächtig bist du.

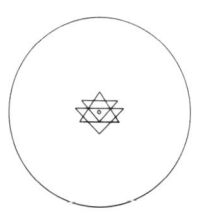

Gott ist nicht "geringer als" oder "besser als".

Gott ist die Gleichgestelltheit von allem, was existiert.

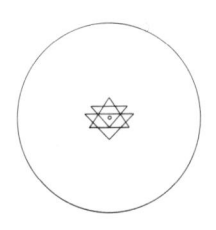

MANIFESTIEREN BEDEUTET, DAS ZU ERSEHNEN, WAS DU DIR WÜNSCHST, UND DIE PHANTASIE DES WUNSCHES ZU LEBEN, INDEM DU IHN GEFÜHLSMÄßIG DURCH DIE SEELE UMARMST, SO DAß DU LEBHAFT ZU DIESER TRANSFIGURATION WIRST.

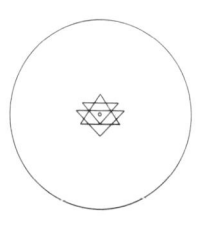

Du wirst dich dabei wiederfinden, wie du in einer anderen Zeit schwelgst. Deine Körperenergien werden sich in dem Moment ändern, in dem du ganz in diesem Wunsch aufgehst, ihn gefühlsmäßig umarmst und lebst. Du wirst wissen, wann es vollbracht ist. Dein Körper wird die Energie freisetzen. Du hast ihn auf das gleiche Energieniveau des Samenergusses beziehungsweise der Konvulsion des weiblichen Schoßes gebracht, dieselbe Wahrheit.

Es erfordert das gleiche Maß an Energie, eine Veränderung des Schicksals - in einem anderen Verständnis angewandt - zu manifestieren, das es erfordert, den Körper in Leidenschaft hineinzumanifestieren.

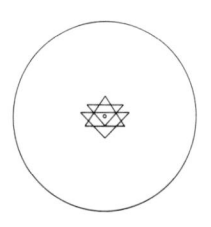

Betrachte vom Herrn-und-Gott deines Seins aus, was du dir wünschst. Ganz einfach. Welches Problem gibt es, das du angehen möchtest? Dann lebe die Lösung in einer Phantasie genauso entschlossen wie eine sexuelle Phantasie.

Tue es jetzt.

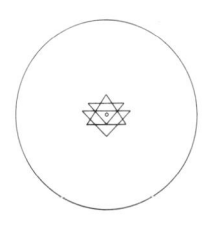

WENN DU ERST NACH ETWAS SUCHEN MÜßTEST,

UM DARAUF ZU FOKUSSIEREN,

BIST DU NICHT BEREIT ZU MANIFESTIEREN.

Manifestation ist der gleiche Energieschub, den du dein ganzes Leben lang verwendet hast, doch ohne nun in die Richtung sexueller Erfüllung zu brennen.

Ein mächtiger Gott kann jedweden Wunsch, den er hat, mit der Leidenschaft, demselben Energieschub und demselben inneren Verlangen umarmen, wie er es auch in der Heftigkeit einer körperlichen Erfüllung macht. Es ist das gleiche. Beide erzeugen eine Wirklichkeit. Was deine Phantasie zuvor gemacht hat, erzeugte die Wirklichkeit für jenen Moment. Was du dir jetzt wünschst und wie du es umarmst, erzeugt die gleiche Wirklichkeit lediglich in einer anderen Richtung.

Jede Wesenheit, die je zu sich selber wurde, jeder Meister, der zu seinem Christussein wurde, lernte die Einfachheit dieser Macht. DIE EINFACHHEIT DES GOTTES, DER DU BIST. Um das zu lernen, mußt du bereit sein und mußt es wollen. Wenn es von dir hervorströmt und du es verstehst, dann bist du <eins> mit dem Strom. Du wirst manifestieren. Wo auch immer du bist, wie auch immer du aussiehst, auf welchem Boden auch immer du sitzt - ob auf dem betriebsamsten Marktplatz oder dem höchsten Berggipfel - wenn du das machst, kannst du dein Schicksal ändern. Es ist zu allen Zeiten in dir. Wenn du davon träumst, daß du am nächsten Morgen sterben wirst, dann umarme den Traum und ändere ihn. Du kannst mit der Phantasie munteren Lebens den nächsten Morgen neu erschaffen. Und so änderst du Schicksal. Du hast deine Vergangenheit geändert, die deine Gegenwart ist.

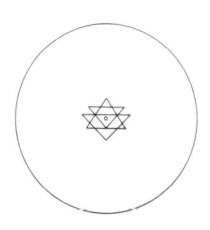

Der Vater ist die Einfachheit des Lebens. Das Verlangen nach Perfektion ist es, das den Wahnsinn von intellektueller Kameraderei hervorruft, durch die einem die praktischen Sinne des Lebens verweigert sind.

Alles was du hier gelesen hast, diente dazu, die Kompliziertheit deines Unwertseins zu durchbrechen, um eine tiefe, einfache Wahrheit zu erlangen; eine Wahrheit, durch die die Türe zur eigenen Größe aufgeschlossen wird, und die jeder Meister, der je WURDE, lernte.

Dieses Wissen ging verloren, da es so EINFACH war.

Wissen ist nicht das, was in endlosen, nichtsbedeutenden Wörtern geschrieben steht. Es ist in dir. Diese Erklärung war SO einfach und das ist der Grund, weshalb nur so wenige es je gefunden haben. Niemals dachten sie, daß es in ihnen sei. Sie dachten, daß sie in geheime Schulen gehen und sich dem Leben enthalten müßten, in der Tat, daß sie sich im Dienste opfern müßten, damit sie zu guter letzt im nächsten Leben ein besseres Leben haben würden. Sie ergriffen jede Maßnahme, außer der des Verfügens über genau die Lebenskraft, die in einem Atom ist, damit sie sich in nur einem Augenblick änderten und zu der Explosivität hinein ins Schicksal werden würden.

Werde der einfache Augenblick.

Wenn das JETZT jetzt ist, dann existiert nichts anderes, da jede Vergangenheit und Zukunft im Moment verschmelzen. Gestern ist nicht gestern, es ist Jetzt. Morgen ist nicht mehr länger eine Mutmaßung, sondern die Wirklichkeit des Augenblicks, Jetzt. DU HÄLST DIE ZEIT AN. Wo paßt "spät" in die Ewigkeit?

Wenn du die Zeit anhälst, dann wächst du, öffnest du dich und der Vater wird. Und je größer du dadurch wirst, desto größer wird dein Licht werden. Wo immer du gehst, kannst du in einem Augenblick vom Herrn- und-Gott deines Seins aus etwas hervorrufen und kannst in jenem Augenblick eine Manifestation in die Klarheit bringen.

Am Anfang mußt du über die Tatsache hinwegkommen, daß es einfach ist. Du mußt über dein Unwertgefühl hinwegkommen, sonst redest du dir all dies nur wieder aus.

Der Wunsch nach dem Manifestieren wird EINS MIT DIR werden, so daß wann immer du den Mund öffnest, es so IST, so daß, was immer du fühlst, es so IST.

Manifestiere, indem du den Augenblick nimmst, um alle Zeit stillstehen zu lassen und deinen Wunsch zu umarmen. Er WIRD sich erfüllen.

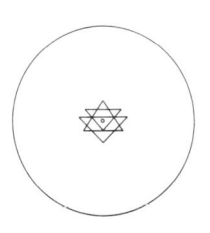

Wenn der Meister ein Gebet spricht, "Vater, oh Vater", dann ruft er sein ursprüngliches Licht an, das nämlich, was sein Anfang war... Ur-Licht.

Wenn du sagst "Vater, oh Vater, komme hervor in das, was ich bin", dann drückst du damit auf den Auslöser für das Ur-Licht, das du bist, das von der Seele in deinen Fokus kommt und den Befehl erwartet.

Was du sagst, wird! Wenn du willst, daß die Urquelle zu dir spricht, dann sprich zu Ihr. Wenn du wissen willst, wie mächtig du bist, dann frage dich. Wenn sich das Wort manifestiert, dann drückt dies den Auslöser... der Urgrund kommt hervor und erlaubt und erwartet die große Energie.

Wenn du diese Kraft anrufst, das, was das Licht ist und das, was die Macht ist - wenn du sie mit Befehl hervorrufst, dann kommt sie und der gesamte Zyklus deines Körpers beginnt die Zeitströmung zu wechseln.

Du wirst Vergangenheit, Gegenwart und Zukunft in den Fokus bringen und sie werden zum ewigen Jetzt.

Dies ist es, was der Meister sagt, wenn er sich zu seinem Platz begibt und beginnt, seine dimensionale Phantasie zu umarmen, um das Manifestieren zu lernen:

GELIEBTER VATER

GELIEBTER VATER

DER ICH BIN, DER ICH BIN, DER ICH BIN,

KOMME HERVOR, KOMME HERVOR, KOMME HERVOR,

IN DIE MACHT, IN DIE MACHT, IN DIE MACHT.

ICH BIN ERHOBEN, ICH BIN ERHOBEN, ICH BIN ERHOBEN.

GELIEBTER VATER

ICH KREIERE

ZU DIESER STUNDE

AUF DAS, WAS ICH BIN

ZUM RUHME GOTTES

AUF DEN VATER IN MIR

AUF DAS SCHICKSAL DES MOMENTS.

UND SO IST ES.

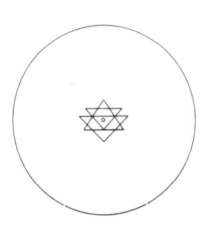

Nimm den Wunsch und umarme ihn, indem du in ihn hineingehst und ihn so lange lebst, bis alles in dir in dem Gefühl aufgeht und Zeit und Raum zu einem Nichts werden - nur der Moment. Nur der Moment. Und wenn die Befreiung kommt, sagst du "So sei es", denn damit ist der Wunsch manifestiert.

Wenn die Befreiung kommt und das Manifestierte hervorgebracht wurde:

GELIEBTER VATER

GELIEBTER VATER

ZUM RUHME GOTTES

ICH BIN DAS ICH BIN DAS ICH BIN.

SO SEI ES.

ES IST VOLLBRACHT.

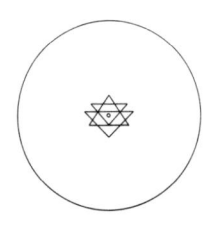

Was ist das Wunder? ICH BIN. Das ist das Wunder, nicht "vielleicht bin ich..."

ICH BIN

SO SEI ES

ES IST GESETZ.

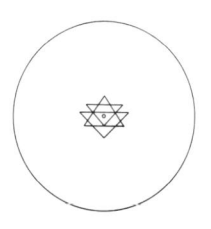

Der Marsch von eintausend Meilen beginnt
mit einem einzigen Schritt.

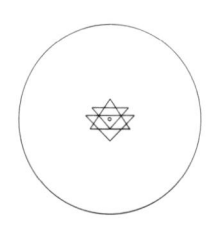

Finde einen Platz, an dem es ruhig ist und setze dich auf den Boden. Die Erde ist lebendig, ihre elektrische Energie ist lebendiges Leben. Lege all deinen Schmuck ab, beginne dich zu konzentrieren <zu fokussieren> und stelle dir diese Frage: Warum bin ich nicht glücklich?

Sage:

> VATER IN MIR, KOMME HERVOR
>
> MACHT IM WISSEN, KOMME HERVOR.
>
> JETZT.

Dann frage dich: "Warum bin ich nicht glücklich?", und umarme, was du fühlst. Dadurch erscheint die andere Seite des Unglücklichseins: eine Befreiung hinein in die FREUDE.

> SO SEI ES.

Wenn du es dem Wissen erlaubst, auf den Auslöser zu drücken, dann mußt du niemals wieder eine Frage stellen. Du besitzt alle Antworten.

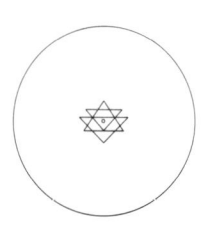

GELIEBTER VATER

DAS, WAS ICH BIN,

DER HERR-UND-GOTT MEINES SEINS,

KOMME HERVOR ZU DIESER STUNDE

IN MACHT

IN WEISHEIT

IN WISSEN:

MACHE ES OFFENKUNDIG

DENN ES IST GESETZ.

SO SEI ES.

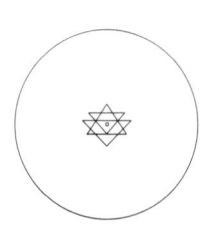

ALLE DINGE MANIFESTIEREN SICH ZU DEM

UMFASSENDEREN ZWECK,

UNS MEHR ÜBER UNS SELBST ZU LEHREN UND

WENN SIE IN DIESER HINSICHT UMARMT WERDEN,

VERWANDELN SIE SICH VON ÜBLEM WIND

IN WEISHEIT.

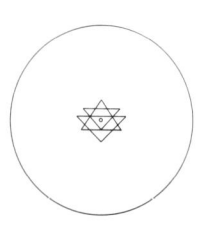

Es gibt ein Buch, das sich Buch des Lebens nennt. Es ist die kollektive Erinnerung der Seele. Es ist das, was du seit Äonen von Lebzeiten gesammelt hast. Es ist das, was du so lange eingesperrt und mit Aberglaube, Angst und Einschüchterung überdeckt hast. Es ist das ursprüngliche Verständnis über das große Licht, das du bist. Dafür gibt es keine Worte. Es ist eine Ur-Wahrheit, die du erlangt aber vergessen hast. Es transzendiert dein begrenztes Ego des Aberglaubens, des Zweifels, der Angst und des Unwertseins, denn das Licht ist seiner selbst wert. Es nennt sich Wissen.

Souveränität ist die Freisprechung dessen, was du bist. Es ist dasselbe Licht der allgrandiosen Intelligenz, die auch im Geist Gottes ist.

Wenn Souveränität an die Oberfläche kommt - und du kannst gebieten, daß sie dies tut - dann ist sie dein großer Pfadfinder. Sie ist deine Stärke. Sie erlaubt dir, über beschwerliche Wasser hinausgehoben zu werden, und sie wird dich auf festen Boden setzen. Sie ist das Licht Gottes. Sie ist die Allgegenwart. Sie ist die Ewigkeit deiner wahren Wesensart, die wie die strahlende Sonne hinter Wolken versteckt ist.

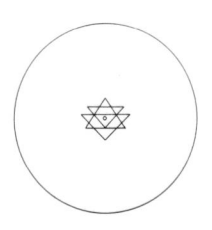

Du kannst bitten, daß sich dein Buch öffnen und ein Gefühl der Göttlichkeit hervorfließen möge. Es ist, als könntest du "die Hand ausstrecken" und den Saum Gottes berühren - so nah ist es. Dieser Fluß ist dein Erbe. Dieses Licht ist das Christuslicht. Es ist das, was immerzu wächst, wenn man aus der Begrenzung der Vergangenheit-Gegenwart-Zukunft ins JETZT zusammenkommt.

Dieses Licht reagiert auf das, was du vom Herrn-und-Gott deines Seins hervor sprichst. Es bebt und kommt hervor. Es dringt durch intellektuelle Redekunst hindurch. Es dringt durch deinen Zweifel hindurch. Es dringt durch dein Gefühl des Auffallens hindurch, wenn du einen Schritt aus dem Kreis des Weltlichen hinausmachst. Es muß gegen vieles angehen, um hervorzukommen, aber wenn du diese Essenz von dir berührst, indem du ihr gestattest hervorzukommen, und zwar ohne ihr eine Bewertung aufzuerlegen - wenn du es dem Gefühl gestattest, vorhanden zu sein, wird es dich ERHEBEN.

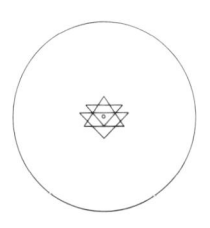

Du bewegst dich auf das Epos der Göttlichkeit zu.
Niemals war Krieg dein Erbe. Niemals war das
kümmerliche Verdienen deines Lebensunterhaltes
dein Erbe.

DEIN ERBE IST ES, ERKLÄRTER GOTT ZU SEIN,
MIT HERRSCHAFT ÜBER ALLES WISSEN.

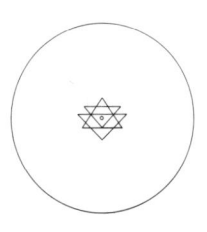

Der ver-einte Gott-Mensch, Christus, die Liebe zu Gott, liegt nicht in der Verrücktheit, irgendjemand anderem nachzufolgen, <sondern> es bedeutet, das Aufbauen der eigenen Individualität. Es bedeutet das innere Ausrichten nach deiner eigenen göttlichen Zweckbestimmung.

Jenseits all deiner Probleme, deiner Begrenzungen, deiner Wünsche, deiner Bedürfnisse, deiner Sehnsucht danach, liebkost, geliebt und berührt zu werden, jenseits all dessen liegt die Antwort zu Individualismus, zu dem Selbsterhaltenden dessen, was du bist, das Heranziehen all der Antworten hinein in die Manifestation und auch die Freiheit des Selbst, um im Fluß Gottes zu existieren, um sich weiter zu dem zu entwickeln, was du individuell bist: Gott in seiner unbändigsten, schönsten, fortwährendsten, ewigen Form.

DU.

Die einzige Essenz, die alles besitzt und alles IST, ist Gedanke/Licht, der/das in dieses Bewußtsein hineinmanifestiert ist. Wer dieses Licht berührt, entwickelt sich zu dem Verstehen, daß er das Alles-in-ALLEM ist, das der Atem jeder Existenz IST. Inneres Wissen ist das Bekannte von allem Bekannten, doch hier auf Erden muß dieses Licht, dein Erbe, durch deinen Traum gehen: den Traum des Ungläubigen; den Traum des harten Realisten; den Traum von Mangel an Selbstwert; die Träume von Zweifel, Zeit und Ungeduld.

Wenn du bereit dazu bist, existiert keine Zeit. Du wirst dein großes Licht zusammenfassen - diese Ur-Essenz deiner Selbst - und im süßesten Augenblick wirst du Vergangenheit, Gegenwart und Zukunft zusammenbringen. Diese Manifestation wird absolut sein, da Zweifel nicht mehr existieren.

Gott hat keine Vorurteile. Dein Licht hat keine Vorurteile. Es ist ohne Urteil. Es ist ewig. Und es liebt dich.

"Wollen" ist ein heiliges Wort, denn wenn es aufrichtig genug ist, transzendiert es alle Begrenzungen. Aus dem Wollen heraus wird Genius geboren. Wenn du dir im klaren bist, was du willst, gibt es keinen Platz mehr für Zweifel. Für die unter euch, die bereit dazu sind, ist das nicht schwer, denn sehnsüchtiger Wunsch, der aus sich selbst geboren wird, stellt ein Bedürfnis dar, und Bedürfnis, das aus sich selbst geboren wird, kommt vom Wollen. Es ist eine absolute innere Ausrichtung.

Komme hervor, um deinen Preis wie ein Krieger auf einem entschlossenen Marsch zu umarmen. Umarme ihn, lebe ihn, fühle ihn und werde zu ihm. Geh mit Gefühl.

Wenn du das machst, wohin du auch gehst, wirst du entdecken, daß deine Kraft immer größer wird. Sie baut sich auf, weil die Wolken, die dein wunderbares Licht verdecken, dünner und dünner und dünner werden, bis du schließlich mittels der Manifestation jeden Tag in einem wunder-vollen Bewußtsein zu leben beginnst.

Was du lernst, ist frühmorgens, wenn es still ist, am großartigsten. Es ist sehr wirkungsvoll vor dem Schlafengehen und du wirst in dieser Zeit viel kreieren. Du lernst auf dem Marktplatz, im Tale, auf dem Berggipfel, bei deiner Arbeit. Je mehr du zu dieser ungeheuerlichen Umarmung wirst, desto mächtiger wirst du, desto großartiger wird deine Umgebung sein und desto mehr wirst du zu Gott.

Am Anfang wird es langsam gehen, da du eine Weile brauchen wirst, um zu lernen, wie man innerlich umarmt und fühlt. Je mehr du es machst, umso schneller WIRD es und UMSO MEHR WIRST DU WISSEN.

Es wird eine Zeit kommen, daß du schaust und es ist. Es wird nicht in Frage gestellt, es ist schlichtweg. Und die Sehnsucht ist nach dem IST und es WIRD. Dann wandelt der Meister im Christuslicht. ER IST. Sein Wort ist Gesetz und da er die Allgegenwart allen Lebens IST, antwortet <ihm> alles Leben.

MÖGE DAS LICHT GOTTES, DAS ICH BIN,
ZU DIESER STUNDE MIT MIR SEIN.

Atme tief ein, atme tief aus. Fülle deine Lungen mit Licht.

Finde dein eigenes Licht, und sobald du es dir bequem gemacht hast, schließe deine Augen. Nur in der Wildheit der Natur kannst du die Augen öffnen und trotzdem manifestieren. Schließe deine Augen. Es ist wichtig, daß du auf DICH selbst schaust.

Dann folgt das Gebet, das ein Meister spricht. Fühle, daß das WORT aus deinem INNEREN hervorkommt. Schau dir an, was du sagst. Wenn du damit fertig bist, gehe nochmals das durch, was du umarmen möchtest. Begehre, was du manifestieren willst. Dann beginne die Zukunftsmanifestation in aller Einzelheit zu leben, als wärst du ein Schauspieler, der eine große Rolle spielt oder als würdest du ein Wunder manifestieren. Erlebe die Freude dieser Empfängerschaft.

Sieh das Unbegrenzte. Lebe das Unbegrenzte. Dein Körper ist mit dem Gefühl jenes Augenblicks gefüllt, und du wirst wissen, wann es vollbracht ist, da dich dieses Körpergefühl wie ein Wind verlassen wird. Lebe es!

Wenn dein Geist wandert, so laß ihn wandern. Wenn du fokussiert bist, dann fokussiere.

Wenn du fertig bist, wenn dich das Gefühl verläßt und die Vision sich verflüchtigt, SO SEI ES!

Das Gebet, das du sprichst:

VATER

GELIEBTER VATER

DAS, WAS IN MIR IST

DER HERR VON ALLEM

VATER

VATER

ICH BIN

ICH BIN GESETZ

ICH BIN

ICH BIN LEBEN

KOMME HERVOR

KOMME HERVOR

DANKE.

SO SEI ES.

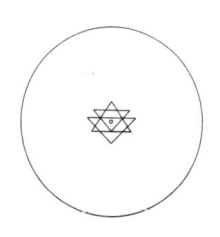

Wenn du fertig bist, sprichst du:

AUF DAS, WAS ICH GEWÜNSCHT HABE

ZUM RUHME GOTTES, DES VATERS IN MIR,

DAMIT ES IN DER TAT

FÜR ALLE ZEIT

ALS EIN ZEUGNIS STEHT

FÜR JENE GROßE WAHRHEIT

DAFÜR MÖGE ES SICH MANIFESTIEREN.

SO SEI ES.

Du begrenzt die Manifestation, wenn du zurückgehst und sie analysierst, oder in sie nochmals vom Intellekt aus hineingehst.

Sie ist für immer JETZT.

Sobald sie von dir fließt, laß sie <von selbst> wie einen Fluß laufen. DU mußt zur nächsten inneren Umarmung weitergehen.

Wenn du darüber redest, was du gefühlt hast, dann lebst du das Gefühl nochmal und hast dessen Bestimmung geändert.

ICH BIN ist unbestreitbar ICH BIN. Dieses Vorwärtsgerichtetsein des Bewußtseins ist fortschreitend. Die Natur dreht sich niemals um und stellt ihr Leben in Frage. Sie entwickelt sich weiter. Diese Schöpferkraft ist das Umarmen und das sich-Nutzbar-Machen göttlicher Energie.

Der Moment, in dem die Schöpferkraft in die Zelle der Manifestation hineingeboren wird, ist der Punkt, wo nichts anderes mehr existiert als der höchste Punkt von reiner Emotion, die du umarmt hast.

Es ist vollbracht. So wie das ganze Leben, stellt sie <die Manifestation> das Anerkennen von Existenz und nicht das In-Frage-Stellen von vergangener Existenz dar. Sie ist sich-vorwärtsbewegend, für immer und immer und immer, wie das ICH BIN. Mache sie nicht rückgängig und versuche nicht, sie zu erneuern.

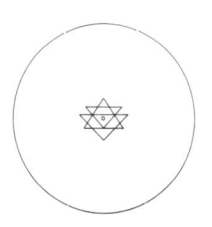

Manifestieren ist alleiniges, privates, persönliches Schicksal.

Wenn du losgehst und jemanden nach seiner Meinung fragst über das, was du innerlich umarmt hast, verlierst du es. Du hast damit deine Macht weggegeben. Du hast damit unverblümt ausgedrückt, daß dein Wert gleich Null ist, da du die Beglaubigung eines anderen brauchst, der dir sagen soll, daß es phantastisch ist.

Wenn du diese Wissenschaft zu BESITZEN lernst, werden sich grandiosere Dinge, als du sie je geträumt hast, manifestieren, ganz gleich wie weit du in deinem Leben bist, und werden dich Biegungen und Straßen entlang führen, von denen du nie geträumt hast. Das ist dein Erbe.

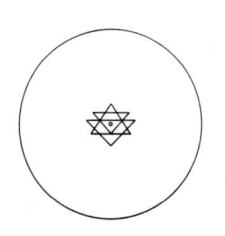

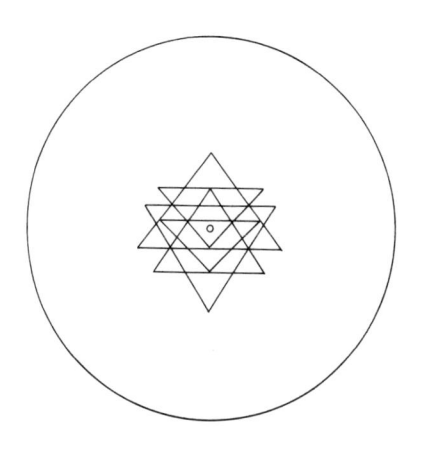

DIE ART UND WEISE WIE DIES FUNKTIONIERT

WIE wird das vollendet?

In dem Moment, in dem du die Manifestation <innerlich> losgelassen hast, kam das Licht, das du angerufen hast, der Ur-Vater, das LEBEN, ins Spiel. Es IST das Licht. Es ist der Impuls. Es ist die Substanz der gesamten Schöpfung.

Die Menschheit ist die einzige Spezies, die oberste Herrschaft über alles Leben und dessen Bewußtheit hat. Dies ist eine große Wahrheit. Gott Selbst hat diese Existenz gewählt, um Wissen über all seine Daseinsformen zu haben. Dieser Geist ist der Raum des Universums des Atoms. Er ist Allwissenheit. Er ist das Licht, das du offenbart hast. Dieses Licht ist die Essenz, der Funke, der Idealismus, der Impuls schöpferischer Ausdehnung und Evolution. Die Ur-Essenz, Gedanke genannt, ist in diesem Licht, das du hervorgerufen hast.

Was du heute lebst, geht hinaus in das Unsichtbare, verdichtet sich ins Licht, manifestiert sich zu einem lebendigen Organismus und erlaubt dir den gleichen grundlegend linearen Ausdruck, dessen du dich jetzt erfreust, nur daß du dich weiterentwickelt hast.

Das Morgen kann nicht von der Wissenschaft eingefangen werden, dennoch findet es statt, denn das Leben bringt seine Gedanken in Emotion hinein zum Ausdruck, und die Emotion ist das mächtige Elektrum des Lichts, das sich <in der Schwingung> herabsetzt und in den nächsten Augenblick hineinmanifestiert.

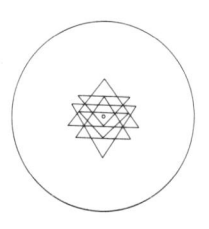

Du bist das schlagende Herz Gottes und jeder Herzschlag kreiert Zeit, das Morgen, Distanz, Dorthingelangen und Raum, um eine Wirklichkeit von einer <anderen> Wirklichkeit aus zu beobachten.

Was hast du gemacht? Du hast das gemacht, was das Ur-Leben in jedem Moment macht, nur daß du verstehst, wie es funktioniert. Das ist der Schlüssel.

Das Licht, auf das du deinen Fokus gerichtet und das du innerlich umarmt hast, wird mittels Wissen auf deinen Thron zurückgesetzt und regiert die Hypothese über das Morgen mit konzentrierter <fokussierter> Schöpferkraft.

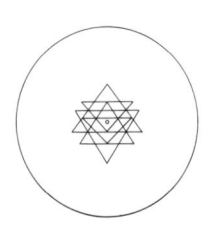

Wenn ihr innerhalb der gesellschaftlichen Struktur seid, nährt ihr euch gegenseitig von euren Gedanken. Ihr seid im Wettstreit. Ihr seid begrenzt. Die Gedanken, die die Voraussetzung für euren nächsten Tag schaffen, sind die des Überlebens.

Du schließt die Voraussetzung von Ewigkeit oder Unsterblichkeit nicht mit ein. Du schließt die Verjüngung der Zellen, die dich in einem Moment heilen kann, nicht mit ein.

Dehne dich im Wissen aus. UMARME INNERLICH IN DER ART, WIE DIE ERSTEN GÖTTER UMARMT HABEN - DURCH FÜHLEN. EMOTION IST DIE SUBSTANZ VON WIRKLICHKEIT.

Wie funktioniert das? Du schreitest aus dem Gewöhnlichen hinaus und übernimmst die Kontrolle, und indem du das tust, kreierst du deinen Wunsch. Die anfänglichen Bestandteile von seiner zellularen Manifestation sind im Begriff, sich in dem Moment aus dem emotionalen Licht jenes Ur-Wesens in eine <in der Frequenz> herabgesetzte Wirklichkeit deines Wunsches hineinzumanifestieren.

Du bist aus dem Herkömmlichen hinausgeschritten, aus dem, was hauptsächlich das Morgen regiert hat, und du hast damit das Morgen geändert.

MANIFESTIEREN BEDEUTET VERÄNDERN.

Es bedeutet, daß du etwas anderes in deinem Leben wachrufst. Du mußt mit dem Fließen mitgehen, denn du bist der Gott, der durch diese Schöpfung wandelt, und du mußt ZULASSEND durch sie wandeln.

ZULASSEND. Lasse sie zu.

Wenn sie zusammenkommt, wenn sich das Morgen mittels der Bilder deiner Emotion von heute manifestiert und sie das zu bilden beginnt, was du willst, damit du hindurchgehen und dir selbst diese Emotion zukommen lassen kannst, diesen Gewinn, erweiterten Geist, wenn du all diesen Teilen erlaubst zusammenzukommen, dann bist du ein Gott auf deinem Weg nach Hause.

DIE WIRKLICHKEIT, DIE DU GESCHAFFEN HAST, IST DER TRAUM UND NICHT UNBEGRENZTES LEBEN.

Was auch immer erforderlich ist, es ist es wert! Wenn du durch deine Manifestation gehen kannst und die Gnade hast, sie zuzulassen, dann wird sie als ein Zeugnis für dich stehen. Sie wird dich daran erinnern, daß DU SIE ZUSTANDE BRACHTEST.

Und in dem Moment, in dem du siehst, wie es geschieht, wirst du beginnen, aus diesem Traum aufzuwachen, denn wenn jenes möglich ist, ist ALLES möglich. Du wirst dich dehnen, um mehr zu wissen, um mehr zu umarmen und um zu deinem Erbe zu werden.

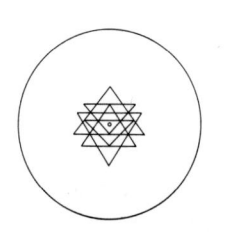

DU BIST ALLES, WAS ES GIBT.

Es liegt an deiner Wahl, daß du dich änderst.

Warum lernst du, wie man das macht?

Wenn du zu manifestieren anfängst, dann wirst du dein Vermögen in vielerlei Hinsicht drastisch verändern. Reich zu sein ist nicht unbedingt das, was du brauchst. Du kannst nur soundsoviel Gold haben. Du kannst nur soundsoviele Dinge kaufen. Wann wirst du dessen überdrüssig? Wann hörst du auf, dich damit zu identifizieren? Hinter was bist du wirklich her?

Das Gold und die Dinge sind Berührungspunkte bei deinen Manifestationen. Die Manifestation <in der Materie> existiert, um denselben emotionalen Reiz wieder an dich zurückzugeben, den du durch das innere Umarmen jenes Berührungspunktes gefühlt hast. Du konntest sie anfassen. Sie war etwas Vertrautes. Sie befähigte dich, deinen dreidimensionalen Geist in Fokus zu bringen. Der Berührungspunkt war dazu da, dir ein bestimmtes Gefühl zu vermitteln. Er, an und für sich, macht dich nicht glücklich. DIE ART, WIE DU DICH IHM GEGENÜBER FÜHLST, ist es, was dich glücklich macht.

Der Gewinn einer jeden Manifestation ist der Reichtum an Weisheit und Freude, den sie dir gibt. Es ist nicht wichtig, welcher Wert der Manifestation in der materiellen Welt zugeschrieben wird. Das, was sich in der Seele ereignet, ist es, was du in die Ewigkeit mitnimmst.

Wenn du dir einen Topf voll Gold am Ende des Regenbogens wünschst, dann mußt du in der Lage sein, den Topf vor dich hinzustellen und dir vorzustellen, wie du dich fühlen würdest, wenn du das Gold berühren, in die Sonne werfen und beobachten würdest, wie es schimmert und Strahlen von sich schießt, die im glühenden Licht tanzen und glitzern. So lebhaft muß deine Vorstellung sein. Und sie muß dich glücklich machen, denn durch dieses Gefühl entsteht die Manifestation. Es wird das Gold mit dieser inneren Freude zusammenbringen, damit du es besitzen kannst.

Dein wahrer Reichtum ist, was du davon lernst. Jedes Gefühl, das du dir zu eigen machst, wird zu einer Perle der Weisheit in deiner Seele. Diese Weisheit steht als eine Anerkennung für dich. Du besitzt diesen Teil des Lebens, und es wird mehr kommen.

Du kannst alles besitzen, indem du den Vorwärtsschritt in die Veränderung machst.

Du kannst so reich sein, wie du es sein willst. Wenn dich deine Veränderung vom Marktplatz wegführt und dich auf deinen eigenen Weg bringt, dann kannst du alles haben, was du willst. Es ist keine Sünde. Es ist nicht falsch, Geld zu haben. Geld ist aus derselben Essenz gemacht wie auch alles andere. Es ist lediglich deine Wahrnehmung davon, die den Unterschied macht. Du mußt die Wahrnehmung meistern und <als Weisheit> besitzen, was es dir bringt. Dann wirst du frei davon sein.

Oder du kannst so arm sein, wie du es sein willst. Oder so durchschnittlich wie du willst. Es ist alles Leben, und es ist alles gleichwertig. Wichtig ist das, was du brauchst, um <dir> deine individuelle Göttlichkeit zu beweisen. Das ist der Grund, weshalb es sich um ein Spiel handelt. Je mehr du in jedem Moment über dieses Spiel lernst, umso erweiterter wirst du. Und wenn du alles <als Weisheit> besitzt, wenn du zu mächtig bist, um versklavt zu werden, dann fährst du in den Himmel auf.

Wenn du alles an Leben, alles an Bewußtsein, das es gibt, gelebt hast, dann gehörst du zur Ewigkeit. Und was ist Ewigkeit?

Ewigkeit ist das Alles-in-Allem. Es ist die Ebene von einer Million Villen, was bedeutet, daß Alles-in-Allem für immer und ewig ist.

Jeder, der in Fleisch und Blut geboren wurde, ist mit dem Christusgeist ausgestattet, und ausschließlich dann, wenn du in Fleisch geboren wurdest, kannst du zu diesem Christusgeist werden.

Du beginnst zu meistern anstatt des "Ich kann nicht", ICH BIN! Anstatt des "Ich weiß nicht", ICH WEIß! SO SEI ES!

Du beginnst das Morgen und die Ungewißheit der Zeit so zu verändern, wie du es willst. Und wenn du diese Herrschaft besitzt, dann wirst du dich zum Christus entfalten, der immerwährend ist, denn wenn du das Morgen manifestieren kannst, kannst du dann nicht auch das ewige Leben des Fleisches manifestieren? In der Tat das kannst du. Der Körper geht mit Dir. Du beendest die Lebenszyklen, da du nicht länger das Spiel spielen mußt.

Wenn du innerlich umarmst, um zu manifestieren, dann bringst du die Qualität von Individualismus näher, die göttlich ist. Du bringst das Lied Gottes nach Hause.

Wenn Hoffnung und Göttlichkeit und Richtung wiederhergestellt sind, dann schreitest du hinaus aus der Gewalttätigkeit hin zu der Identität, die ganz eindeutig göttlich ist. Du läßt Krieg zurück - worüber würdest du mit irgendjemandem streiten? Wenn du Gott umarmst, dann WEIßT du, daß jeder seine Wahrheit hat, daß er diese Wahrheit durchlebt hat, und du verstehst und liebst ihn.

Liebe ist nicht ein Wort. Sanftmut und Mitgefühl sind nicht einfach nur Gesten. Sie sind die Seele. Sie sind der nächste Schritt. Sie sind LEBEN! Du mußt in sie hineingehen, um sie zu besitzen. Und je mehr du zu dem wirst, WAS DU BIST, desto mehr kannst du um dich blicken, die bunte Menge sehen und sagen: "Das, was ihr seid, liebe ich, ganz gleich wie die Farbe eurer Haut ist, was euer Glaube ist, aus welchem Land ihr kommt, welche Sprache ihr sprecht, wieviel Gold ihr habt oder nicht habt." Streif all das ab und du hast den physischen Beweis eines lebenden, atmenden Rätsels, das ein Teil der Evolution ist, ein wundervolles Licht.

Umarme das, denn in jeder Stunde, in der du manifestierst, und in jeder Stunde, in der du zum Vater kommst - "VATER IN MIR" - rufst du das Mitgefühl, die Sanftmut und die LIEBE hervor, die der Vater ist, der das Leben ist. Du gehst hinein in diese Emotion und umarmst sie.

Was bedeutet es, ein Licht für die Welt zu sein? Es bedeutet, hinaus aus dem Traum in die Wirklichkeit der LIEBE zu gehen.

Es bedeutet durch Manifestation aus dem Traum ins Licht zu gehen.

Die Welt ist der Philosophen müde. Sie ist der Priester eines kriegerischen Gottes müde. Sie hungert danach, sich selbst zu verstehen. Sie ist bereit, über den begrenzten Geist hinaus in den unbegrenzten Geist zu gehen.

Als ein Licht zu wandeln ist kein geistliches Amt, sondern eine Wirklichkeit. Jeder Moment deines Lebens und jeder Schritt nach vorne, jede kleine Manifestation, die du kreierst, ist ein Schritt hinaus aus der Gewalttätigkeit und der Weltlichkeit des menschlichen Traumas.

Jede kleine Manifestation, ganz gleich was es ist, bedeutet Vorwärtsgehen. Das Licht erweitert sich. Dies geschieht als ein Resultat von deinen täglichen Manifestationen. Es geschieht nicht durch das Wort, sondern durch das Vorleben des Beispiels, daß man auf dem Marktplatz geht und Gott in den Augen des Bettlers entdeckt.

Durch dieses Licht beginnt die Welt, sich mit Hoffnung in Verbindung zu bringen. So sehr hungern die Menschen nach dem göttlichen Geist, daß sie ihn umarmen würden, denn er ist die Hoffnung, nach der sie suchen, und mit jener Hoffnung kommt Wissen, und Wissen führt sie von dort weg, wo sie sind.

Du hungerst nach dem, was du im Bezug zu allem, was ist, bist; nach der Wahrheit des Selbst, nach deiner eigenen Individualität. Jeder hungert danach. Es ist ein Hunger der Seele.

Du wirst niemals etwas beweisen, indem du darüber streitest. Wer bist du, daß du dir anmaßt, die Überzeugung eines anderen zu diskutieren? Es zeugt von mehr Größe, ihn für das zu lieben, was er weiß. Laß ihn zu. Das ist Mitgefühl.

Es ist der Individualismus des Gottes in dir, der dir erlaubt, barmherzig zu sein. Wenn du es bist, gibt es nicht mehr die Polarität von Gewalt, und wo eine angstlose Wesenheit ist, da ist der erwachende Christus.

NIEMAND IST ES WERT, ÜBER IHN ZU URTEILEN.

NIEMAND IST EINEN STREIT WERT.

NICHTS IST WERT BEWIESEN ZU WERDEN,

WENN DU DAFÜR DEINEN VORWÄRTSSCHRITT

EINBÜßT.

Wenn du nachfolgst,
wirst du niemals lernen zu führen.
Du wirst lediglich das Nachfolgen lernen.

Lerne die Einfachheit dessen, dich zu ändern, wie du auf dein Schicksal einwirkst und wie du wieder zu der Herrschaft jener Gottesliebe zurückgelangst, die in dir ist.

Lerne alle Menschen zu lieben, ein Friedensstifter zu sein, die Welt in Harmonie zu sehen und das Königreich des Himmels in dir zu kennen. Wenn du vorwärts gehst, berührst du die Sanftmütigkeit und das Mitgefühl und den Saum Gottes. Und das, was du fühlst, sogar in deinen dunkelsten Stunden, wird die Stärke, die Gnade und die Anmut haben, im Kontinuum zu sein und die Liebe Gottes von dir hervorströmen zu lassen.

Geh vorwärts hinein in den Vater.

DAS, WAS DU IN ANDEREN SIEHST,

BIST AUCH DU.

Wenn du im Begriff bist, die Kontrolle wieder zu übernehmen, dann denke an folgendes: was auch immer du "da draußen" oder "hier drinnen" wahrnimmst - wie auch immer du es siehst - so bist du.

Statt einen anderen "im schlechten Licht zu sehen", finde dich selbst in ihm. Schau so lange hin, bis du Gott in dieser Person erblicken kannst. Ganz gleich wie abscheulich, wie abstoßend im Geist, wie zweifelhaft in der Gesellschaft, ganz gleich was diese Person getan hat, schau hin bis du die Schönheit in ihr findest, den Gott, denn wenn du irgendetwas anderes siehst... dann ... so bist du.

Poliere dieses wundersame Selbst, das du bist, makellos.

Wenn du an einer Sache nichts Gutes sehen kannst, dann suche in ihr nach dem nutzbringenden Zweck, denn gut und schlecht sind das Vakuum voneinander und im Zentrum ist das IST. Und wenn du nach dem IST schaust, wirst du den Zweck finden.

Du wirst manifestieren, sobald der Nebel entfernt ist vom Angesicht Gottes, das in dir ist, so daß du klarer sehen kannst. Und entfernen tust du ihn, indem du in allem, was dich umgibt, das Angesicht Gottes siehst. Dann reflektiert es zu dir zurück, denn was auch immer du siehst, IST ES; es ist das Gesicht Gottes, und du bist GEWORDEN.

Sprich zum Vater in dir, um es in jedem Moment zu finden. Und wenn du das tust, hast du einen großen Sieg errungen. Du bist aus dem dunklen Zeitalter herausgekommen. Du bist in der Renaissance.

Das gilt für alles.

Alles.

Wenn du solch rätselhafte Schönheit erlangst, dann bist du das ALLES, du siehst seinen Zweck, du verstehst seinen Traum, du weißt alles darüber, und es gibt keine Dunkelheit, es gibt nur Liebe, es gibt nur Gott.

Keine Wesenheit, kein Wort und keine
Einschüchterung sind den Verlust der Ewigkeit wert.

Lebe für dich selbst. Werde ein Licht für alle, die sehen wollen.

Wenn die Dinge eine harte Realität annehmen, dann denk daran, daß dies die Art ist, wie du es sehen willst. Da beginnt das Meistern.

Kannst du deinen Nachbarn lieben? Wenn du Schwierigkeiten hast, dann manifestiere den Grund und mache ihn dir als Weisheit zu eigen. Beurteile ihn nicht. Liebe und segne ihn, verstehe, daß es ganz in Ordnung ist. Liebe deinen Nachbarn. Umarme ihn. Denkst du, daß du dich verteidigen mußt? Wenn du das tust, dann besitzt du es nicht <als Perle der Weisheit>. Er ist Gott. Er hat sein Recht auf eine Meinung. Sein ganzes Leben bestand aus Urteil. Er ist damit aufgewachsen. Seine Regierung urteilt über ihn. Seine Religion urteilt über ihn. Es ist eine Lebensweise. Wisse das, und vielleicht wird ihm daraufhin ein Licht aufgehen, daß er es nicht zu tun braucht, weil DU dich <eines Urteils> enthalten hast und du auf Grund deines Verstehens imstande bist, ihn nach wie vor zu lieben.

In der Natur ist alles harmonisch aufeinander abgestimmt. Das Ökosystem des Lebens ist in einem Fließen und in einem Gleichgewicht. Wenn du vorwärts gehst, dann gehst du in dieses Fließen hinein. Es ist ein Fließen des gesamten sich verändernden Universums, das der Herzschlag und der Puls ist. Es ist eine Manifestation.

Jemand, der sich in diesem Fließen befindet, jemand, der meistert, jemand, der zu sich selbst wird, der manifestiert, fließt mit einer Energie, die sich Ewigkeit nennt, die sich bewegt und die nicht perfekt ist, sondern IST. Das ist die Energie, die du verwendest. Das ist Natur. Und Leben. Wenn du vorwärts schreitest, dann schreitest du hinein in die Evolution.

Die Natur ist keine Bedrohung für den Menschen. Der Mensch ist eine Bedrohung für sich selbst. Die Natur und die Erde verändern sich auf Grund der Unwissenheit des Menschen, auf Grund seiner Dummheit und seines NICHTwissens. Die Natur wird sich heilen. Sei in dem harmonischen Fluß von ihrem Heilungsprozeß.

Wenn du aus dem Weltlichen schreitest, dann läßt du deine Angst zurück und gehst in die Veränderung.

Die Natur ist die größte Kathedrale. Hat schon jemals ein Baum über dich geurteilt? Hast du jemals eine große Eiche sich beklagen hören, daß du dich an sie lehnst?

Der Bach plätschert weiter dahin, ein wunderbares, goldenes Ahornblatt mit sich tragend, und auf diesem magischen Teppich sitzt eine köstliche Fliege mit schillernd smaragdgrün polierten Flügeln und treibt flußabwärts. Hört er auf zu fließen, weil du dasitzt und ihn anschaust? Er ist bezaubernd! Er fließt weiter!

Die Natur ist der große Lehrer in stillem Schlaf.

Möchtest du lernen, was im Wind ist? Möchtest du den Instinkt der Fische und Wildvögel auf ihren Zügen zu weit entlegenen Orten kennenlernen? Dann geh hinaus in die Natur.

Das Wasser urteilt nicht über dich. Die Eiche urteilt nicht über dich. Der Käfer sagt nicht, daß du dich davonschleichen sollst. Die Natur läßt dich zu. LÄßT DICH ZU.

Ein Baum weiß nicht, wie man stirbt. Er würde für immer leben. Er kennt den Tod nicht. Er streckt sich dem Licht entgegen.

Wenn du dich in deinem Leben in Verwirrung befindest, gehe in einen bunten Wald oder eine heiße Wüste oder unter einen großen Baum und rufe den Wind zu dir. Er wird kommen und Wissen ohne Urteil manifestieren, denn er läßt dich in seine große Domäne hineinschreiten. Du wirst feststellen, daß dort deine Manifestationen gedeihen.

Was haben der große Wald und die Wüste und der Fluß alle gemeinsam? Sie sind zeitlos. Sie entwickeln sich weiter und weiter und weiter, und sie haben niemals gesagt: "Ich mag dich nicht, ich mag nicht wie du aussiehst, wie du riechst, wie du dich anziehst."

Sie lassen dich zu.

Die Natur, dieses mächtige, immerwährende Bewußtsein, ist in Bewegung. Wenn du hinaus in die Natur gehst, dann sei am besten in Demut vor ihr. Sie ist dir ein Lehrer.

Sei wie jeder Meister, der jemals WURDE. Finde deine Überzeugung in der Wildnis. Finde einen Baum, der dir erlaubt, unter ihm zu manifestieren, und der es dir gewährt, daß er DICH in der Stille seines Verstehens lehrt.

AUF DAS LEBEN

AUF DIE ERDE

FÜR IMMER UND IMMER UND IMMER

SO SEI ES.

Es wird Momente geben, in denen du deinen "gesunden Verstand" anzweifeln wirst, weil du feststellen wirst, daß du sehr anders geworden bist im Vergleich zu dem, was du sonst warst. Du weißt mehr.

Jedes Genie, das jemals eine Idee in die Manifestation kristallisierte, wurde ausgelacht.

Es gibt einen Punkt des Umbruchs bei der Herausforderung des Weltlichen. Wenn du nämlich sagst "HILF MIR". Der Wind wird zu dir kommen und für dich ein Spiegel und eine große Wahrheit sein, damit du in deiner eigenen Offenbarung vorwärtsgehst.

UMARME DIE WELT, WEIL DU ES WILLST.

Genius bietet seine eigene Identität.

Der Idealismus von Buddha Amin, Ra Ta Bin, Jeshua ben Joseph <Jesus>, Mohammed, der Idealismus des Ram, der Idealismus des ICH BIN, scheinen nur eine Handvoll zu sein, doch es ist eine Wirklichkeit. Es ist ein schwerer Weg, doch er existiert. Er ist eine Wahlmöglichkeit.

Es gibt Hilfe für dich solange und soweit wie du gehen möchtest, soviel wie du zu erhalten imstande bist, auf welche Art du es auch erreichst, denn ein Schritt vorwärts bedeutet, zurück zu Gott zu gehen, einen Schritt der Ewigkeit entgegen.

Der Hunger des Geistes liegt nicht nur darin, durch Manifestation selbständig zu werden, denn das ist gewiß, sondern bedeutet auch, daß du Verantwortung übernimmst und dein Wissen, deine Weisheit hin zu einem Genius erweiterst. Und das ist bemerkenswert.

Nimm was du hast und kultiviere es, bis es mächtig ist. Es ist einfach in der Durchführung. Manifestiere dein Königreich, deine Freude, und wenn du etwas nicht verstehst, dann bitte, daß es sich dir enthüllen möge und es wird sich enthüllen.

Dies ist allumfassend. Benutze es. Und wenn die Manifestationen eintreten und dastehen, ach, als ein großes Vermächtnis für dich, dann danke dem Vater in dir, Gott dem Vater, für diese Manifestation, denn damit wirst DU DIR SELBST Dank und Glauben schenken.

Du bist ein Segen für das Leben.

Du wirst innig geliebt.

Du wirst grandiose Dinge tun. Erinnere dich daran, wer die Verantwortung trägt:

        Der Vater und ich sind eins.

        Erinnere dich an ICH BIN.

        Erinnere dich.

        So sei es.

VOM HERRN-UND-GOTT MEINES SEINS AUS

AUF DEN VATER IN MIR,

AUF EWIG ZU DIESER STUNDE

ICH BIN ICH BIN ICH BIN,

DENN VATER,

DAS WISSEN, DAS LEBT,

DIE MANIFESTATION,

ES WIRD VOLLBRACHT ZUM RUHME GOTTES,

DEM VATER IM INNERN.

SO SEI ES.

GOTT

ICH BIN

FÜR IMMER

UND IMMER.

SO SEI ES.

**In der Tat Verlag, Sonnenbichl 12,
86971 Peiting, TEl./Fax: 08861/59018**

Ramtha Bd.1
Dieser von der Kritik empfohlener Bestseller stellt die Eckpfeiler von Ramthas Lehren vor. Von Ramtha selbst wird es "Das grosse weiße Buch" genannt. Dieses Werk stellt für die in Unwissenheit und in ihrer Evolution feststeckende Menschheit ein Juwel von unschätzbarem Wert dar, denn es setzt für den Menschen und in ihm ein Wissen wieder frei, das dieser vor langer, langer Zeit vergessen hat.
ISBN 3-89539-050-X

Der Letzte Walzer Der Tyrannen Bd.2
Dieses Buch entlarvt die Geschichte und die Pläne der sogenannten Grauen Männer, der geheimen Familien und der Mittelsmänner der Macht, die die Börse dirigieren, denen das "Federal Reserve" System (Zentralbank), sowie der größte Teil der Geldversorgung der Welt gehört. Dieses Buch prüft auch, welchen Weg die Natur einschlagen wird; wobei das Leben, wie wir es kennen, offensichtlich am Rande der Katastrophe steht. Es ist aber ein Buch der Hoffnung, denn es wird kaum jemand widersprechen, daß elementare Veränderungen stattfinden müssen, die- so sagt Ramtha- in der Verherrlichung und Erleuchtung der Menschheit enden werden. ISBN 3-89539-051-8

Ramtha Intensiv: Wendezeit- Die Künftigen Tage Bd.3
Der zweite Band der Intensivserie legt offen, wie die Menschheit bis heute ihre eigenen Umwelt zugerichtet hat. Das Buch stellt eine kompromißlose Schau auf die Natur dar, und auch darauf, wie sie sich erneuern wird. In diesen einmaligen Lehren drängt uns Ramtha, eine persönliche Eigenständigkeit aufzubauen, um physisch und psychisch jene dramatischen Veränderungen, die wir in der Gesellschaft und der Natur zu erwarten haben, zu überleben.
ISBN 3-89539-052-6

Ramtha Intensiv: Seelengefährten Bd.4
Der erste Band der Intensivserie ist eine Aufzeichnung des Seattle Intensivseminars vom 10.-12.Januar 1986. Es ist eine leidenschaftliche Lehre über die Wissenschaft von Seelengefährten, die Entwürdigung der männlich-weiblichen Beziehungsverhältnisse, die die Seelengefährten getrennt gehalten hat- und über die Wiedervereinigung der Seelengefährten durch die Macht der Liebe.
ISBN 3-89539-053-4

Ramtha: Eine Einführung - Ausgewählte Lehren Bd.5
Dieses vielschichtige Buch nimmt die Emotionen gefangen, fordert den Geist heraus, berührt die Herzen und eröffnet dem Leser die Großartigkeit des Lebens. Dieses Buch ist eigentlich mehr als eine Einführung, denn diese ausgezeichnete Buchausgabe führt uns das volle Spektrum von Ramthas Lehren vor. ISBN 3-89539-054-2

UFOs und Beschaffenheit von Wirklichkeit Bd.6
Einblick in außerirdisches Bewußtsein und interdimensionalen Geist
Dieses Buch wird Ihre Betrachtungsweise dessen, was man Ihnen je erzählt hat, ändern. Sie haben ein Recht auf das Wissen über den großen Einfluß von Außerirdischen auf die Bibel, auf unsere Regierung und auf unser tägliches Leben. UFOs und die Beschaffenheit von Wirklichkeit ist eine Erörterung über lineare Zeit, Objektivität, interdimensionalen Geist, Superbewußtsein und über die Transfiguration von Materie. Es ist gleichfalls ein Buch über Hoffnung. Und Liebe. Und Gott.
ISBN 3-89539-055-0

Finanzielle Freiheit - Die Wahl Bd.7
Ein humorvoll verfaßtes und inspirierendes Buch. Ramtha erklärt, auf welche Weise unerfüllte Träume eine Begrenzung darstellen, sowohl für Wachstum und Entwicklung, wie auch letztendlich für Ihr finanzielles Wohlbefinden. Finanzielle Freiheit wird Ihnen dabei helfen, Ihre Träume zu erfüllen, und wird eine neue Dimension von Möglichkeiten und Wahlfreiheiten eröffnen, die den Leser auf seinem Weg zu persönlicher und finanzieller Freiheit in immer machtvolleren Stand versetzen werden.
ISBN 3-89539-056-9

Der Geschichtenerzähler Bd.8
"Der Geschichtenerzähler" ist eine Sammlung von über 30 Geschichten, die Ramtha über die Jahre hinweg erzählte.
Die Originalform von Ramthas Sprache wurde beibehalten.
Der erste Teil des Buches umfaßt Geschichten, die zu Ramthas Zeiten stattgefunden haben. Die andere sollen dem Leser bewußt machen, wer er ist und wie er lebt. Ramtha: "Geschichten waren das Mittel, tiefes Wissen zu offenbaren, oft in einfacher Ausdrucksweise. Diese Erzählungen waren die Schätze vieler Generationen... Sie sollen all denen als Lehre dienen, die neben den Erwartungen der Gesellschaft noch andere Werte im Leben suchen....."
Über 300 Seiten mit zahlreichen Zeichnungen ISBN 3-89539-057-7

Werden Bd.9
Ein Handbuch für Meister

Jede Seite enthält einzelne Gedanken oder Gedankenkomplexe über die Schönheit, Würdigkeit und Macht des menschlichen Geistes. Es soll uns lehren, bedingungslos zu lieben und den "Vater" in uns zu finden. ISBN 3-89539-058-5

Manifestieren Bd.10
Ein Handbuch für Meister

Dieses Buch ist ebenso gestaltet wie das Buch "Werden". Es zeigt uns, wie man Mangel in Fülle umwandelt und die Vergangenheit und Zukunft mit dem Jetzt in Einklang bringt, um das zu kreieren, was wir möchten.
Dieses Buch enthält Techniken, Übungen und Informationen, die uns helfen, zu manifestieren. Ramtha: "Diese Bücher sollen uns nicht nur das Wissen vom "Werden" und "Manifestieren" aufzeigen, sondern auch, wer wir sein können und wer wir bisher waren." ISBN 3-89539-059-3

Die alte Schule der Weisheit Bd.11
"Vielleicht das wichtigste Werk von Ramtha - auf jeden Fall das aktuellste."
*Ziel und Aufgabe alter Weisheitsschulen
*Voraussetzungen zum Zugang
*Gibt es überhaupt heute noch Weisheitsschulen?

Ein wichtiges und spannendes Buch.
ISBN 3-89539-060-7

Weitere Titel:
Die Götter von Eden
von William Bramley
Eine außergewöhnliche Reise durch die Geschichte von den Anfängen der Menschheit bis zu den Schlagzeilen von heute. Begleiten Sie den Autor, wenn er das Problem des Krieges und des menschlichen Leids erforscht und entdecken Sie einen bemerkenswerten Zusammenhang mit dem jahrhundertealten UFO-Phänomen. Dieses Buch ist das Ergebnis siebenjähriger intensiver Recherchen und eines der wissenschaftlichsten und umfassendsten seiner Art. Sorgfältig belegt und illustriert vermitteln "Die Götter von Eden" zahlreiche erstaunlich neue Informationen über UFOs und ihren überraschenden Einfluß auf unsere Welt. Das ist die Geschichte von ihrer spannensten und widersprüchlichsten Seite. Wenn Sie etwas für provozierende neue Ideen übrig haben, müssen Sie "Die Götter von Eden" einfach lesen.
Nicht nur begeisterte LeserInnen, jetzt auch das "Magazin 2000" in ihrer neuesten Ausgabe, erklärten dieses Werk zum: **"Buch des Jahres 1993"**
ISBN 3-89539-075-5

Ein regelmäßig erscheinender Informationsdienst ist in unserem Verlag geplant.
Inhalte werden sein: Neues über und von Ramtha, von der Schule in Yelm, Besprechungen und Zitate, Vorabdrucke von relevanten Werken. Darüberhinaus werden Themen im Umkreis von den Botschaften Ramthas veröffentlicht, wie z.B.: Freie Energie, Weltregierung, Graue Männer u.v.a.m.

Gleichzeitig kann die Zeitschrift Kontakte zu anderen LeserInnen vermitteln.
Desweiteren gibt es Bestrebungen und Überlegungen eine Siedlungsgemeinschaft zu gründen, auch hierüber wird regelmäßig berichtet.
Wer selber aktiv mitgestalten will, ist aufgerufen, uns Manuskripte und Unterlagen zukommen zu lassen.
Jahresabo ist bestellbar unter der ISBN 3-89539-099-2